JN014436

ぶらり世界裁判放浪記

原口侑子
Yuko Haraguchi

幻冬舎

ぶらり世界裁判放浪記

CONTENTS

2章

ヨーロッパ

Europe

3章

BRICS

4章

島国

Island Country

終章 旅は続く

The Journey Never Ends

装丁　bookwall
DTP　美創

序章

旅の始まり

Beginning of the Journey

バングラデシュ人民共和国(その一)

バングラデシュ人民共和国（その一）

ダッカ／タンガイル

東京の法律事務所をやめて、バックパックひとつで知らない国へ

１９９０年代にハリウッド映画を見て育った。旅先はヨーロッパと中華圏だった。世界を「西と東（西洋と東洋）」「北と南（グローバルノースとグローバルサウス）」で見ていた当時の私の中では、南アジアもアフリカも、中南米も太平洋諸国も、「南」の国々の中にまとめて押し込められていた。ＧＤＰの算出の仕方だけ習って、「先進国」と「途上国」の二項対立で世界を見ていた。

学生時代に、バックパックを背負ってトルコから中東を回り、インドを経て、東南アジアまで南下したとき、こんなちんけな二項対立では、私が目にするものの何も一般化できないということが、うすうす分かり始めた。

ダッカの川を船で行く。

スマトラ島沖地震の後のタイのプーケットでは、被災したファミリーがビールを飲みながら観光産業の再建について話してくれたし、ムンバイの１００円で泊まれる汚い安宿では、ボリウッド志望の若者たちが床に寝そべりながら、未来について語っていた。

まだ平和だったウクライナのオデーサでもシリアのアレッポでも、イエメンのサナアでも、出会う人々はみな気さくに私に話しかけてきた。

こうした国々が10代のときに訪れたイギリスと何が違うのかはよく分からなかったし、何ならロンドンでも、バックパックひとつでパブの人々に話しかけていた。

結局、その地域をその地域たらしめるのは、いったい何なのだろう？　とずっと思っていた。いままで知らなかった場所に行けば何かが分かるのかもしれないとも思ったが、特に自信もなかった。

その後弁護士になった私が、東京の法律事務所をやめてバングラデシュに行ったのは、逃避と好奇心という、バックパッカー的な思考回路が復活してしまったせいでもあったと思う。

知らない国に行って、「知らなかったものを知る」ことは「意味のあること」だとまだ思っていた。それにいつかお尻のない旅をしようとも思っていた私は、バングラデシュでプロジェクトを立ち上げるというNGOの友人の話を聞き、渡りに船と乗っかった。

秩序のあるカオスな町で

首都のダッカで1年半を過ごした。はじめに立ち上げる予定だったプロジェクトはすぐに頓挫し、それからは政府系の案件を請け負って法律の調査などをしながら暮らしていた。半分くらいは地方を回り、現地の友人の実家に居候したりして過ごしていた。

ダッカは人口密度世界一と言われ、その濃密さは人と人との距離の近さだけでなく、

ダッカのビジネス地区からスラムへ。渡し舟が航跡をつける。

オールド・ダッカにすきまという概念はない。

途方もない人間の「数」にもあらわれる。町を歩いていて人とぶつからない日はない、「密」の町である。日本でも花火大会や初詣の際、人がギュウギュウ押し合ってなかなか進まないようなことが以前はよくあったが、通勤時間帯のダッカ中心部は、毎日がそんな感じだ。

道路には、歩く人と、リキシャ（人を乗せる自転車）、CNG（天然ガスが燃料のトゥクトゥク）と車やバイクが氾濫している。道路そのものが、一定の秩序を保ちながらじりじり移動する生き物のようである。早朝と夕方には、建設現場に向かう男性たち、アパレルの縫製工場に向かう女性たちが、徒歩で列をなして通勤していく風景が見えた。

この「秩序のようなもののあるカオス」は、日本から来るとなにか心をワクワクさせる情景に映った。リキシャの「チリン、チリン」や車のクラクションの「パー」がそこらじゅうで鳴り響いている様子も。物売りの張り上げる声や怒号が、物乞いの読経に似た声とまじりあう様子も。ディーゼルから天然ガスに移行して少しずつマシになっているらしい排気ガスも、水はけが悪くて雨水がすぐあふれる側溝も、路傍の野菜ゴミが腐っていくにおいさえも、とても人間的に思えた。

ダッカではじめに仲良くなったのは、ダッカ生まれダッカ育ち、イギリス・アメリカで教育を受けた弁護士ショーンだった。彼はいかにもアメリカから帰ってきたばかりという雰囲気を感じさせる同世代の弁護士で、アメリカ英語を操り、すでにたくさんの会社をクライアントに持っていた。

バングラデシュは独立してからまだ50年の若い国だ。東パキスタン時代を終わらせた「独立戦争の英雄たち」は、日本でいう団塊の世代で、彼らは「国を作った」という自負を持って政官財界を回している。

私の滞在していた2010年代前半は、二大政党制がまだ機能していた。政権政党(アワミ連盟)の党首はハシナ首相。パキスタンからの独立戦争を戦ったバングラデシュの「国父」こと初代大統領ムジブル・ラフマンの長女だった。もう一方の政党(バングラデシュ民族主義党〔BNP〕)の党首は、これまた独立戦争の英雄である故ジアウル・ラフマン元大統領の妻、カレダ・ジア氏だった。

保守的なイメージのあるイスラム教国で女性2人がもう何十年も交代で首相を務めているというのは意外だと言う向きもあるが、男尊女卑を上回る「上層部」のファミリーがあるのだとも言える。バングラデシュというまだ「新しい国」の「上層部」を占める人々にはいまも、独立戦争の功労者やその関係者が多い。彼らはその富で娘や息子を英米へ留学に出す。その「娘や息子世代」、つまり「第2世代」の中核は、ちょうど私と同世代で当時30歳前後だった。

若い外国人が仕事でダッカに来ると、ダッカの流儀を教えてもてなしてくれるのは国内のことも国外のことも知る彼らだ。新しいモダンなカフェができると彼らが発信する。彼らは、新しい（欧米ナイズされた）ダッカ・カルチャーの牽引役でもあった。私もまた、その1人であるショーンと知り合ったことで、彼の幼なじみや同僚といった外国帰りの連中と芋づる式に仲良くなり、ダッカにいるあいだ彼らと一緒にいろいろなところに行き、彼らの家を行き来して、彼らの家族にも生後すぐの赤ん坊にも会った。ダッカは狭かった。

野外コンサートなどというものに行ったりもした。コンサートでは1990年代のビルボードを席巻した曲が流れ、彼らはそのちょっと古い音楽に喜んで踊っていた。「ダッカに帰ってきた彼らは飢えているのだ」と私は気づいた。広い世界に、輝く青春に、自由に、不安定さに、彼らは飢えているのだった。

「弁護士をやめて新しいこと始めようかな」ときどきショーンは言った。

「自分も、博士号を取りに外国に行こうかな、と思っている」とほかの1人が応じた。この町の窮屈さに、保守性に、窒息しそうになりながら、同時にそのぬるさに、気楽さに、安定に、足を取られて、動かないでいい気もしている。どのみちもうすぐ結婚し、家を継ぎ、「僕ら」はここに戻ってくるのだろう。……私は痛みにも似た共感を持って、彼らと一緒にノンアルコールのコンサートで歌い、踊っていた。諦めと前進はコインの表裏だ。そのうち自分も東京に戻るのだ、とそのときは私も思っていた。

裁判所と港は3キロメートルの距離

ある午後、私たちは車に4人で乗り込んで、ダッカ大学の裏を通り抜けているところだった。「そこが高等裁判所だよ」ショーンは車の速度を緩めると、青空に映える白い建物を指さした。

「控訴審でもあるし、令状の裁判もやっている」

「出てくる黒い法服の人たちは弁護士？　スーツの人も、サロワカミューズ（女性の着る民族衣装）の人もいる」

「うん。僕はスーツで行くけどね」ショーンが答え、友人たちは笑った。門の中には白い車がたくさん停まっていた。

私が裁判所の中に入るのは、結局それからずいぶん経った後だった。

裁判所の横を通過しながら、車はブンと排気音を立てる。

「バングラデシュの産業界はさ、まだ『環境』に気をつけよう、という感覚がないんだよ。川の汚染とか、環境問題はすでに出てきているのに。でもこれからは、もっと公害も増えていくだろうし、法制度も整備されていくと思う。そのときに何かしたいんだよな」

そんなことをショーンは言った。

さて、裁判所から3キロメートルほど南に下ると、喧噪の地区「オールド・ダッカ」がある。400年ほど前のムガル帝国の城塞が残るのもこのあたり。陸のダッカはブリガンガ川の川岸で行き止まりになって、行き止まりの港、ショドルガットがダッカの南の玄関口だ。毎日5万人が行き来すると言われる。

日本の友人が訪ねてくると、私はいつもダッカの南端を画するこの川で渡し舟に乗せた。そこでは、ゴミや人や船や小舟や、生活を彩るものがすべて浮かび、小舟に乗った果物売りの呼び声が、川面に反響していた。連れてこられた友人たちは口をそろえて「やばいね」と言った。誰かにとっての日常を「やばい」と表現することは差別的と言われればそれまでだが、現代日本人の目にはそれほどに、ごはんと排泄と移動と生計が混然とした様子は、衝撃として映っていた。私も含め。日本だって外国から来た人に「やばい」と思われていることは数多くあるだろう。

「昭和の日本を見ているようだ」と言う人もいれば、「まるでアトラクションのようだ」と言う人もいた。とある友人が日本から来てくれたときには、トイレに行きたくなった彼を、港の厠よりマシかなと思って船の中に連れていった。すると彼は「トイレットペーパーがなかったんだが」と言って帰ってきた。たしかにトイレには、1本のホースしかなかった。

「これで毎日通勤しているんだね」

「5分や10分で渡れるんだね」

「あのおじさんは買い出しの帰りかな?」

「将来、ここはどうなっているのだろう?」

「小舟が虫のように見える」

いつも最後はみな口をそろえて「ドブのにおいがきついね」と言った。日本から来た私たちにとってこの渡し舟はフィクションのように思えたが、言うまでもなくここに住む彼らにとっては生活の一部であった。

この港からは、船に荷物を積んで旅もした。町を行き来する大きな船に乗って川を上ると、ドブのにおいは消え、緑と土と風がとって代わる。それは田舎の始まる合図だった。川を境に、バングラデシュは都会と田舎でまるで違う国の様相を呈していた。

ダッカでの生活に疲れると、NGOの仕事を通じて出会った友人夫婦の実家によく逃げ込んだ。田んぼのあぜ道を抜けてたどり着き、井戸からくみ上げた水でシャワーを浴び、蚊帳の中に舞い込んだ蛍の光とともに眠った。夜の虫の音が心地よかった。

もう1つ、私の尊敬する通称「姉さん」という日本人の友人の任地、タンガイルにも、よく足を運んだ（彼女はその後サモアに赴任した）。タンガイルは、難民として日本に来たバングラデシュ人の案件で資料集めのために訪れた町でもあった（そのご縁で、この難民案件を担当した弁護士と10年後に仕事をすることにもなるのだが、それはまた別の話）。

タンガイルの赤線地帯

それはうだるような日差しの盛夏で、雨季が始まるころだった。私がぼんやりと考えていたのは自分の進路だった。

「バングラデシュにやってきて1年以上過ぎたけど、このまま住みつづけようか、日本に帰ろうか。長い世界旅行にでも出ようか。迷ってる」

「うん、うん、どれもいいんじゃない」姉さんは相づちを打った。

川沿いに赤い夕日が沈み、田んぼに緑の風が吹くタンガイルの町には、いわゆる赤線地帯があった。何度か、赤線地帯にある娼館の女の子たちに会いに行った。NGOを通じて彼女らと友達になった姉さんがときどきおしゃべりをしに行っていたのに、ついていったのだった。バングラデシュの子供たちは屈託ない。大人も屈託ない。彼女らともすぐ友達になった。

　夕日に照らされた細い通路の左右に、プレハブの屋根が並び、それが彼女らの仕事部屋だった。私たちは通路の縁石に座ってチャイをごちそうになり、おしゃべりをしていた。女の子の1人は「日本は遠い国？」と聞いた。私は、そうだと言った。

「いいところ？」

「いいところも悪いところもあるけど、きれいなところかな」あまり満足に答えられない。

「ここと全然違うの？」

「うーん。あんまり変わらないかな。日本の人もお米を食べてお茶を飲む。でも、日本のお茶は、甘くない」

「えー！　甘くないお茶なんてあるの」

　甘いチャイを飲み干して雑談しているあいだ、彼女はずっと私と手をつないでいた。自分はバングラデシュ東部の丘陵地帯の村の出身なのだと彼女は会話の中で、ぽつりぽつりと話した。「村には帰らないけど」

通路の端でヤカンがシュウシュウと音を立てていた。

バングラデシュではたくさんのNGOや政府援助の人たちに会った（自分もプロジェクトにかかわらせてもらった）。「彼らの社会に働きかけよう」「変えよう」「そして未来を作ろう」という発想の人たちが多かった。「やりたいことは？」「未来は？」「夢は何だ？」と、それこそが「君たちがここにいる資格」であるかのように聞く人もいた。「彼ら彼女らの『いま』と、一緒に生きていこう」という発想の人は、思ったほど多くはなかった（どちらがよいという話ではない）。

「肩を寄せ合って今日を生き延びる」……姉さんはタンガイルで出会う人たちをジャッジせず、ただ一緒に生きていた。赤線地帯の存在自体が女性の人権侵害だと廃止を働きかけるNGOがある一方で、いまここに住む人たち（それは女性だけではない）の場所を確保して改善しようとしているNGOがあり、私はその活動を、理解したい、と思った。

赤線地帯を後にしたときには日が暮れて、星の見えない夜空からは夏の生ぬるい風が吹き下ろしていた。このとき私は、またここに帰ってこようと思った。

「長い旅行に出よう、遠くに行こう、たとえばアフリカとか、中南米とか。そしてここに帰ってこよう」と。

1章

アフリカ

Africa

- エチオピア連邦民主共和国
- ケニア共和国
- マラウイ共和国
- タンザニア連合共和国
- ルワンダ共和国
- ブルンジ共和国
- エスワティニ王国（旧スワジランド王国）
- ナミビア共和国

エチオピア連邦民主共和国

アディスアベバ

裁判所を歩き始める

お尻のない旅をするならアフリカに行こうと、ずっと思っていた。アフリカは遠くて、未知の場所で、「お尻のない旅」でもないと行けないと思っていたからだ。当時はアフリカに関する正確な情報も少なくて、私はそのイメージの乏しさを、埋めたかった。

アフリカ旅の最初の国がエチオピアになったのは、そのころエチオピアに学生時代の友人が住んでいた、フライトが取りやすかった、アフリカ北東部にあるから「南下ルート」の始点になる、こうしたいくつかの理由からだった。

アフリカ旅最初の「世界裁判傍聴」は、エチオピアに入って1カ月が過ぎようとしているころだった。

ステレオタイプの存在

来る前はこの国をアフリカの国の1つとしか思っていなかったし、私自身、アフリカに対して「見渡す限りのサバンナ」とか、「動物たちの食物連鎖」とかのステレオタイプがあった。

バングラデシュで私は、「貧困」や「飢餓」といったステレオタイプが、生活のほかの側面をよそ者の目から覆い隠すことを学んでいたはずだったのに、恥ずかしいことである。

旅をしながら私は、アフリカに対する自分の安易なステレオタイプに気づいていった。エチオピアの北部では、エチオピア正教の岩窟教会に行った。岩山を掘りだした岩窟教会は削りがこまやかで、正教徒たちが夜の闇の中で白い衣装を着て歌う儀式を行っていた。スピリチュアルな雰囲気の中で、西洋や中東の宗教が混ざっていることに私は驚いていた。

ステレオタイプの存在に気づかされただけではない。エチオピアという国自体が、ひどく「多層的」であることも、肌感覚としてじわじわ分かってきた。南部を旅している

北部のエチオピア正教徒たちの儀式はきっと昔から変わらない。
ここは数百年前に、日本と同じように宣教師たちが弾圧された場所らしい。

とき、唇を切開して皿を入れたムルシ族に会い(唇はビロンと伸びる)、髪を赤土でかためたハマル族に出会った(どうやって髪を決めるのだろう)。コンソ族が集う市場では切りたての生肉(「はちみつ酒」とは名ばかりの酸っぱい果実酒で流し込む)や泥水のようなドリンク(穀物の粉で作ったチャカという酒)を口にした。

エチオピア国内には80を超える民族が暮らしている。彼らは近くに住んでいるのに、文字も言葉も食文化も着ている服も違ったし、「美に対する基準」も異なっていた。「ガイジン」である私は、アフリカ旅1カ国目のエチオピアで「アフリカらしさを定義する」ことができなくなったのと同時に、「エチオピアらしさを定義する」ことの困難にも行き当たっていた。

アディスアベバで何する？

地方から首都アディスアベバに戻ると、アディスアベバに住む友人（日本人）が、日本式の鍋を作ってくれた。「ぼろ雑巾」（失礼）と表現される独特の発酵臭のクレープ的主食「インジェラ」を、それでも「なかなかいけるよね」と田舎で食べつづけてきた私の五臓六腑に彼女の作ってくれた鍋料理のやさしい出汁みがしみ込んでいった。エチオピアのビールをともに飲みながら、半泣きの私が田舎の旅の様子を一通り話し終わると、友人は聞いた。

「明日からアディスで何する？　アディスの町はやることあんまりないんだよね」

「うんー。本でも読んで、そのへん散歩して……」私は友人の書庫を漁って夜更かしをし、旅先でホームを感じるというぜいたくな怠け者生活をする予定だった。でも「あと、裁判所を見に行こうと思って」と半分思いつきで言った。

「ん？　裁判所？　なんで？」彼女はたしかこんな感じで聞いた。「あー、そういえば原口は、弁護士をやってたよね？」

「うん、やってた。もうやめたけど」

「仕事で見に行くの？」

「いや違う。んー、なんで裁判傍聴なんて思いついたんだっけ……。そうそう、日本の弁護士の同期に、そっちの法律ってどんなんなのとか聞かれて。でもアフリカの法律とか想像もつかないじゃんね。裁判所に行くくらいならできるかなって」たしかこんなきっかけだった。

すでにちょこちょこと積みあがっていたエチオピアでの「初体験」感が、裁判傍聴を思いつかせたのかもしれない。いままで見たこともない民族と酒を飲んだり、聞いたこともない宗教音楽につつまれたり、食べたこともないトンデモ料理を食したり、這いまわるノミやダニの音を暗闇の中で数えたりする経験。「足を踏み入れたこともない海外の裁判所に出かける」のも、この「アフリカ大陸での初体験」たちと同列の、スリリングで「新しい」体験だったのだ。

「いいかもね。見てみたら日本との違いが分かりそう」友人は冷蔵庫から追加のビールを取り出し、話をつづけた。エチオピアのビール、セイントジョージ（名前の由来は聖人ゲオルギオス）はなかなかいけた。「海外でいろいろ見るのは今後の役に立ちそうじゃん」

「今後ねぇ……」私はあいまいに答えた。

「弁護士に戻っても使えそうだし。というか弁護士にはもう戻らないの？」

「分からない。いやさ、とりあえずこれからアフリカを旅するじゃん。ヨーロッパとか、中南米にも行くじゃん。その後どうするかは決めてないけど。まあ、そのうち何かになるかもしれないいかな、と思わないこともない。何にもならなくてもいいいんだけど……」

私は歯切れが悪かった。いつか引き返すかもしれない、いつか何かになるかもしれない、という宙ぶらりんな気持ちの中で、それでも健全に、旅の初期症状「せっかくだし精神」にさいなまれていたことは否定しない。過去の心情はおぼろげで、事実として確定させるには、全然足りない。

桟敷席に被告人が並ぶ

裁判所が開く月曜日になった。友人の車を借りて、地方裁判所の敷地まで車を走らせた。敷地には、学校の教室をほうふつとさせる雑ぱくな建物があった。そのまわりの庭に、分厚い書類を手にしたエチオピア人たちが、みな、建物の方を向いて立っている。私も扉の前に立ってみた。「扉の向こうはそのまま法廷だから、廊下を通らずとも、建物の外から直接法廷に入れるはずだ」と聞いていた。

書類を抱えたエチオピア人の視線にさらされ（ていると思い込み）ながら、何でもないような顔をして立っていたが、私はちゃんと、緊張し始めていた。「怒られないかな」とか（誰に）、「そもそも傍聴自体、許してもらえるの」とかである。「公開裁判の原則」だって、全世界での原則ではないのかもしれないなどと不安になり始める。外国人には傍聴を許さないという国だって、あるかもしれない。今日の身なりは正しい恰好だったかしら……。私は身につけていたパスポートをお守りのように確認した。

少しすると一室の扉が開いた。外で開廷を待っていた人たちが、吸い込まれるように部屋の中へ入っていったので、私も平然とした風を装いながらつづいた。

扉の向こうは簡素な部屋だった。建物の外見のみならず、中に配置された裸の木の机も、長椅子も、学校の教室をほうふつとさせて、なんだか説教じみて見える。小さな窓からは、外の白い光が細くさしこんでいた。

無造作に並んだ木の長椅子が傍聴席だった。視線を法壇の側にやると、ついたてで囲まれたボックス席があり、「桟敷席のようだな」とひとりごちた。学校のようでもあれば、簡素な劇場のようでもある。「見る人と見られる人」「説教する人と説教される人」がいる空間。

裁判は、エチオピアの公用語であるアムハラ語で行われていた。長椅子の傍聴席に腰を下ろして、何も聞き取れない私は、とりあえず部屋の見取り図を描いてみることにした。傍聴席は4列。法壇の前には大きな机があり、おそらく弁護人か裁判所の職員かが、みな裁判官の方を向いて、4人座っている。裁判官は1人。裁判官席の両側には旗が立ち、後ろに裁判官専用の扉があった。

桟敷席にはゴザが敷かれていて、男性が何人か座っている。「被告人なんだろうな」と思ったが、確かめるには人に聞くしかない。キョロキョロあたりを見回すと、私の前の列の傍聴席に、黒いローブを着て髪をなでつけた、身なりのよい初老のおじさんが座っていた。

「法曹関係者に違いない」と、少し緊張しながらも話しかけてみることにする。

「あの……、Excuse me……」初の法廷ナンパである。英語が通じるかどうかも分からない。

「ん？　なんだい？」彼は大きな身体をこちらに向けた。どうやら英語は通じそうだ。

「この法廷では何の事件が審理されているのですか？」彼にとっては予想外の質問だったのだろう。怪訝（けげん）な顔をした。

「どういうことかね？　何が知りたい？」

「私は日本の弁護士で、裁判の傍聴をしに来ました。この裁判が何の裁判か、刑事裁判か民事裁判か、そこにいる人たちは誰か、聞きたいんです」私は説明した。

「おお！」彼は頬を緩めて言った。「日本の弁護士とは！　嬉しいねえ。私はね、エチオピアの弁護士だよ」

裁判官のプロフィールはだだ漏れである

「この法廷は刑事法廷だ。ついたてに囲まれた席に座っている男性たちが、審理を待っ被告人だよ。呼ばれるのを待っている」弁護士は小声で説明し始めた。

「はい」

「法壇の前の机に向かっているのは、被告人と弁護人。いま4人いるね。保釈中の被告人は、あの当事者テーブルについて審理ができる」

「では、桟敷席の被告人と、机に向かっている被告人の違いは……」

「保釈中かどうかということだ。桟敷席にいる方は、身柄を拘束されたまま拘置所や刑務所から来ている被告人。そして黒い法服を着ているのが弁護人だ」

「弁護人も法服を着るんですね。日本ではスーツです」このあとたくさんの国で法服を着た弁護士たちを見たが、このときはまだ、そんな小さな違いがとても新鮮だった。

「まあ、ここでも法服の下にはスーツを着ているけどね。弁護人の法服と裁判官の法服は、襟の形が違う」おじさんは言った。法壇に座っている男性裁判官も、光沢のある黒い法服を着ていたが、その下は、グレーのスーツだった。ネクタイは紫。するどい目つきをした、細身で小柄な裁判官だった。話す声が小さく、神経質な印象だ。

余談だがエチオピア人は華奢（きゃしゃ）な体つきの人が多く、アフリカ人はどっしりとした体格だろうと思っていた私のステレオタイプにあてはまらないことがよくあった。肌色も概してコーヒー色で、真っ黒な肌をした人は案外少ない。中東風の雰囲気の人も多い。

さて、その細身の裁判官が、身じろぎひとつしないで目ばかりキリキリ動かしているので、私は持っていたペンで、ふと彼をスケッチし始めた。どのみちアムハラ語は聞き取れないのだから、手持ち無沙汰のあいだに、この動かない裁判官の雰囲気を記録するのも悪くない。夢中で描いていると、前から弁護士が覗き込んだ。

「似てるね」彼は言った。

「いやあ、それほどでも」照れながら答えた。

「この裁判官は40代後半なんだよね」なぜか明かされる裁判官の年齢。

裁判は流れ作業で処理されていった。弁護人がついている事件もあったが、ついていないものも多かった。アフリカ各国で、刑事事件に弁護人がつかないことが問題になっていると知ったのは、もっと後のことだった。

前列の弁護士の担当事件もすぐに終わり、彼が法廷を出るときに私も一緒に出ることにした。

「どうだったかね？　エチオピアの裁判は」彼は聞いた。

「裁判の内容は分からなかったけど、初めての経験だったので、おもしろかった。法廷の内部の様子も見られたし」

「日本とは何か違ったかい」

「日本では被告人はひとりひとり法廷に入ってきます。拘置所から来る被告人は腰縄と手錠をつけられている。桟敷席みたいなのはない」

「興味深いね。じつは私たちは日本には思い入れがあってね。というのも、日本もエチオピアも、帝国主義時代に植民地化されなかった国だろう？」

その話はよく聞いていた。だからエチオピア人は親日なのだとか。

「それもあって、その昔、政府高官がね、『日本化（Japanization）』といって、日本を手本にした制度を作ろうとしていた時期があるんだ。それでね、私たちの以前の憲法は、じつは大日本帝国憲法を手本にして作られていたんだよ」

「なんと！　大日本帝国憲法」

アブラハムと名乗った弁護士は、2つの書籍名を私のメモの中に書き込んだ。1冊は、『どのようにして日本は発展したか（*How Japan developed*）』という本。この本を書いたエチオピア人のケベデ氏（Kebede Michael）が、「日本化」政策を推進した政府高官で、作家でもあるのだという。もう1冊は、『エチオピアの存続と独立（*The Survival of Ethiopian Independence*）』という本。

「ついでにこれが私の連絡先だ。そのうち、弁護士事務所に顔を出すといい」

「正義の遅れは正義の否定」

それから数日後、アブラハム弁護士の事務所にお邪魔し、書籍販売マーケットに行った。この町にはいわゆる日本の本屋みたいな総合的な店舗はほとんどなく、書籍を専門に売る市場が、大学生協の書籍部のような気軽な雰囲気で、ひとつの地域にかたまってあるだけだった。じつはそういう国は多い。バングラデシュもそう。

お薦めされた2冊の書籍は見つからなかった（というか1冊目はそもそもアムハラ語版しかないらしく、翻訳版が出るまでは読むこともできない）が、その代わりにエチオ

本屋は気軽なマーケット。

ピア憲法の書籍や雑誌のようなものを何冊か買い求めた。大学のシラバスのような紙の表紙がついた小冊子と並んで、プリントの束も見えた。「エチオピアン・ロー・レビュー」という法律雑誌（しかし2002年と古い）があったのでそれも買ってみた。その中には「エチオピアのジェノサイド裁判」についての論考があり、「正義の遅れは、正義の否定と同義である」という言葉から始まる。

　エチオピアでは、1970年代から1990年代にかけ幾度も戦争が起こり、100万人の難民を生んだ。当時のメンギスツ大統領の「虐殺に関する責任」は、いまも追及されている（元大統領はジンバブエに逃れた。ジンバブエはエチオピアへの引き渡しを拒み、いまも庇護しているという）。１９８０年代に世界に広がった貧困や飢餓や内戦といったアフリカのイメージは、いまも私たちの中に残っている。それは、エチオピアの混乱の中でユニセフが出した「おなかの膨れた餓死寸前の子供」の写真のイメージから発するものだった。私のアフリカに行きたいという気持ちだって、「こうした昔のアフリカのイメージを覆すものが見たい」というものだったのかもしれないとすると、それ自体ステレオタイプな試みであり、エチオピアから生まれたものだったのだ。

ちなみに、メンギスツ元大統領に対する刑の宣告はすでに行われており、２００６年高等裁判所で終身刑、２００８年最高裁判所で死刑ということであった。「正義の遅れは、正義の否定と同義である」という２００２年の言葉は、いまどこへ行ったのだろうか。

さて、アディスアベバのある晩。

「今宵もセイントジョージで晩酌だね。傍聴どうだった？」

「おもしろかったよ。正直、特別なことは分からなかったけど、目に見えるものだけでもちょっとした違いがあるから。ほかの国でも見てみたらいい比較になるかも」

「さすが元弁護士」

「いや、さすがではない。私が弁護士をした経験があってよかったことと言えば、言語も分からないのに裁判傍聴をするというアイデアを思いついたことくらい」私はメモを見せた。

「へー、絵もある。おもしろいじゃん。また話聞かせてよ」

友人のおもしろいじゃんという言葉に味をしめた私は、その後も各国で裁判傍聴をつづけることになる。そこには深い意味も高尚なテーマもなかった。「どうして傍聴を始めたの?」への答えが、こんなあいまいで気まぐれなものであるのは少し後ろめたいものである。

ケニア共和国

ナイロビ

法廷という場所の持つ劇場性

古今東西、裁判所のイメージとして挙がるのは「怖いところ」とか「特別な場所」なのではないかと思う。キャッチコピーを作るのであれば、「一生行きたくないところナンバー2」。ナンバー1は刑務所だろうか。裁判官が判決の後に述べる説諭でもよく「もうここに戻ってこないように」という言葉が聞かれる。「裁判所に近寄らない人生を送るに越したことはない。古今東西」……そのようなことを、たしかに私も思う。

私もたった4カ月だが、日本で弁護士になる前に、裁判所で見習いをしたことがある。日本では、弁護士になるには司法修習という研修を1年間（当時）受けなければならなかったのだが、私たちの時代はそのうち4カ月が裁判所での研修だった（ほかの期間は検察庁とか弁護士事務所とかに行く）。その期間中は、裁判官のオフィスである「裁判官室」に机を置かせてもらって裁判官の日常を模倣するのが仕事だった。証拠資料を読み、判決を書く（起案する）こと。判決を書くためにたくさんの類似の裁判例（それまでの判決）を調べて勉強し、裁判官同士で議論をしながら、決断をすること。それらを真似し、学ぶという仕事。

外から見た裁判官の仕事は「法廷で判決を読むこと」であるが、裁判官の仕事の多くを占めるのは、法廷ではなく法廷裏の裁判官室で調べ物をして判決を書くことなのである。裁判のない日は、法廷用の黒い法服は、裁判官室のコート掛けに吊るされ、夏は冷房、冬は暖房の風にそよいでいる。そんな法服を、裁判官は法廷に立つときだけ着て、裁判官室を出る。そして、裁判官専用の裏通路を通り、法壇の裏にある裁判官専用の扉を開ける。

一方、法廷にいる私たち非・裁判官たちは、開廷を待つあいだ、裁判官たちとは異なる情景を見ている。裁判当事者も、関係者も、傍聴人も、警備員も、シンと静まりかえった法廷で、じっと座って法壇を見上げている。

開廷時間になると、静寂をパンッと破って、裁判官が扉を開ける。まるで、パカッと異世界の扉が開くような感覚だ。裁判官の「開廷します、起立してください」という言葉を合図に、私たちは「待ってました」に少しの緊張を混ぜ、立ち上がる。まわりに合わせて浅いお辞儀をする。

「それでは、令和3年（わ）XXXX号、被告人なにがしの審理を始めます。被告人は前へ」裁判官が、（たいてい）厳かな口調で期日の開始を告げる。そこに何かしら「型」めいたものを感じることもあった。だから裁判所が「特別な場所」になるのかもしれない、などとも思っていた。

大都市ナイロビのビジネス街に

さて、ナイロビの裁判所である。東アフリカ一の大都市ナイロビは、奇妙な町だ。空路でこの町に来た観光客はまず、空港を出ると、野生動物のいる国立公園のわきを通り過ぎる。その後、町の端に広がる巨大なスラムのわきを通り、町の中心部に来ると高層ビルに突き当たる。中心部にあるホテルやショッピングモール、クラブ（ディスコ）、カジノは、アフリカのステレオタイプをかき消し、資本主義のにおいと入れ替わる。高層ビルの谷間には大きな公園があり、パンをかじって憩う会社員たちがいて、男性も女性もスーツを着ていた。ちょっと東京のオフィス街にも似ている。東京では日比谷公園

ナイロビの裁判所。

から丸の内のビルへ、パンをかじりながら通勤できるビジネス街の一角に、裁判所もあった。

外から見た裁判所は、こぎれいな建物だった。スーツの人たちが出入りする入口は大使館に似ていて、セキュリティチェックの小部屋があり、荷物検査の機械がウィーンと音を立てる。

「身分証は？」年配の男性職員が英語でぶっきらぼうに話しかける。

「あ」私は急いでパスポートを取り出した。「あります」

「うむ」職員はうなずいて私の手からパスポートを取り上げ、荷物検査機の横にある引き出しに、無造作に仕舞った。

「これ、返ってくるの？」私は不安にな

った。

「大丈夫だよ、ほら」そう言って職員は別の引き出しから、いくつかIDカードを取り出し私に見せた。ケニア人もIDカードをあずけているようだった。

建物の中に入ると、一見コロニアル風の廊下がつづいていた。古い建物っぽいにおいがする。

私が入った地方裁判所の第2法廷では、刑事事件の審理が行われていた。裁判官は1人。後ろの壁に国旗（とライオンらしきもの）を背負い、背後には裁判官用の扉がある。警備員は2人。法壇の前には書記官が腰かけ、検察官や弁護人から書類を受け取っている。裁判官は、身のこなしのキビキビした、ハンサムな男性だった。意志の強そうな鼻筋、厚い唇。チャコールグレーのスーツに細いネクタイを締め、法服は羽織らず。彼はしばらくのあいだ手元に目を落として黙って書類を読んでいた。何も言わない。

証言台とおぼしき壁際の壇には、被告人と思われる人たちが4人、並んでいる。貧乏ゆすりをしている者もいる。

裁判官は目を上げると、被告人の1人に悠然とした口調で話しかけた。スワヒリ語のようだ。短いやり取りが終わると、裁判官は法壇の下に座った書記官に目配せをし、手続は次の被告人へと進む。裁判は流れ作業でどんどん進んでいった。内容の説明を求めて、私は隣に座った男性にヒソヒソと話しかける。

「この法廷では軽微な犯罪を扱っているんだよ、だからサクサク進むんだ」

弁護士だというその男性は答える。「あの裁判官の事務処理が速いというのもあるけどね」

「そうなんですね。有名なの?」

「有名というか。うん、まあそうだね。優秀な裁判官だよ。36歳。なかなかいい男だろう?」弁護士はヒッヒッと笑いながら教えてくれた。

ここの人たちは豪快に笑うとき、ヒッヒッと声を立てる。エチオピアにつづいてケニアでも裁判官の年齢を聞くとは思わなかったが、私もヒッヒッと少し笑った。

2度目の傍聴は最高裁判所

次にケニアで裁判所に行ったのは、年が明けた1月だった。たまたま宿の隣にあったFIDA(国際女性弁護士連盟)のオフィスを訪ねると、女性スタッフ(名前はベアトリス)と翌日一緒に裁判傍聴に行こうという話になった。今度は最高裁判所を見ることにした。

最高裁判所は、前回行った地方裁判所の建物から中庭を隔てて少し離れた場所にあった。薄暗く、ひんやりとした廊下。雑然とした地方裁判所よりも、濃い圧があった。「ここは最終判断が下される場所である」からであろうか。などと思った。

最高裁判所は、扉もひときわ重かった。ギィと開けた扉は法廷の側面にあったようで、目の前、右手には、よく磨かれた木の法壇がずしり。左手に延々と観客席のような傍聴席がつづく。法壇には5人の裁判官、傍聴席の一番前には5人の弁護人。

足音を殺しながら、傍聴席を後ろの方まで歩いていった。4段の階段を上ると、中二階の形で傍聴席がつづいている。法廷の薄明りの中で、法壇は舞台のよう、私たちは開演に遅れてきた観客のようだった。部屋の隅にはプレス用の席があり、4人の記者が座っていた。ベアトリスが記者たちを指さして「最高裁担当のプレス」だと教えてくれた。雰囲気は重い。

「この案件は憲法訴訟で、注目されているようね」とベアトリス。審理の進みは遅い。さて、この法廷。テリッテリの法壇の木の艶もすごければ、5人の裁判官もまた重厚感があった。法服はゆったりした深い緑地のローブ。金色の太い縞が縦にいくつか入っており、ローブの左右を合わせるためのピンも金色に光る。隣の地方裁判所で36歳の裁判官がスーツを着て裁判をしていたのと、えらい違いだ。

ナイロビのスラム。

真ん中に座る老人が裁判長で、その左右に裁判官が2人ずつ、濃緑のローブを揺らすこともなく、ダブル助さん格さんのごとく控えている。みなあまり発言せず、座っているだけでいかめしい圧をまとっていた。その中で私の目を引いたのは、向かって左端に座った裁判官だった。

彼女はときおり、タイミングを計ったように短い質問を投げかけ、答えを促した。穏やかな声に力強い眼光、そしてクリアな言葉。彼女が首を傾けると、耳元の大ぶりのイヤリングが金色に、キラリと揺れた。ショートボブの黒髪はおそらくウィッグだろう。貫禄があってゴツくて、おしゃれだった。

私の目には彼女だけがほかの裁判官と

違って鮮やかに見えた。かっこいいなと思って彼女をスケッチしていると、隣に座るベアトリスがにっこり笑い、ペンを取り出して私のメモをゆっくり取り上げた。

そして彼女は、「Lady Justice Njoki Ndung'u」とメモに書き込んだ。

「この裁判官は、とても有名な、レイディ・ジャスティス。弁護士から政治家になって、それから最高裁の裁判官になった。あなた彼女の裁判を見られてラッキーね」

「この国ではみんなずいぶん裁判官のことを知っているな」私は思った。

助さん格さんズとレイディ・ジャスティスは対照的であったが、ナイロビの最高裁判所の椅子に「七福神ならぬ五福神」のように鎮座した裁判官5人には、アイコン感があった。

日本の最高裁判所裁判官の国民審査を思い出した。衆議院議員総選挙のときに投票用紙とともに紙が配られ、不信任の裁判官の名前の上に「×」をつけるやつである。けれど、そもそも名前すら知らない人ばかりのためかなかなか議論にならなかったりする(一方で、こういう手続があること自体に意味があるのに、海外に住む日本人は国民審査ができないという理不尽もある)。

しかしまあ、「最高裁判所裁判官」が肩書だけでもアイコン的で政治性を帯びるのは、日本でもケニアでも同じなのかもしれない。

「わきまえない」レイディ・ジャスティス

それからしばらくのあいだ、私はこのときのことを忘れていた。

あるときふとメモを開くと、レイディ・ジャスティスの記憶がブワッと甦ってきて、ベアトリスの書き込んだ「Lady Justice Njoki Ndung'u」を、インターネットの検索窓に打ち込んだ。そして彼女のスピーチを見た。それがまた、ゴツくて、ウィットに富んだスピーチであった。

彼女は、まだ女性議員が少なかった時代に、性犯罪法の成立と、育休制度の確立に尽力した国会議員だった。いまもケニアの弁護士に彼女の話をすると、「性犯罪の被疑者の権利と、被害者の権利のバランスについて、議論を始めた人だ」という反応をもらったりする。

ケニアでは2003年まで、生理用品に税金（それは香水やコスメと同じぜいたく税の一種だったらしい）が課されていて、「生理用品を買う経済的余裕のない女子学生が生理の期間中に学校に行けず、ドロップアウトする」というのが社会問題になっていた。その税金の廃止に向けて動いたのが、2003年に国会議員の職についた彼女だった。

国会に女性用トイレすらないような時代、「生理用品」という言葉をただ口にするだけで「そんなプライベートなことを、そんな『下ネタ』を、国会で話さないでくれ」「わきまえよ」などと男性議員に言われつづけた。……そう彼女は語った。しかし揶揄されても、彼女が屈することはなく、当時「国会のドン」であった男性議員（4人の妻と十数人の娘を持つ）に語りかけて、「ドン」氏の金が毎年どれほど生理用品に費やされているかを計算してみせた。「ドン」氏は驚愕して叫んだという。「国は税金という名目でこんなにも多くの金を私の家庭から盗んでいたのか！　ドロボーではないか！」……すぐに生理用品課税は廃止されたという話である。

「いろんな局面で、『そんなバカげたこと』と言われつづけた。でも私はその『決してバカげてなんかないこと』を言いつづけた、言わないと何も変わらないから。ずっと言いつづけたし、これからも声を上げつづける」彼女は話した。

「自分自身が主張しないと、あなたの権利もないものとして扱われる（If you are absent at the table, so are your interest)。権力というのは、たとえば西洋人や白人、たとえば健康な人々、それから男性の側にある。私たちは、その逆サイドに生きている。だから私たちは、『声を上げること』をつづけないといけない」

彼女はつづけて自分の子供時代のことを語った。「私は裕福な地域に育った。それで

『どうせ恵まれてるんでしょ』と言われる。でも私の家では、父親がお酒を飲んで暴力をふるった。母親と私たち姉弟は、父親が家に帰るまで眠れなかった。父親が家に帰りつく車の音で、彼が酔っぱらっているかを判断した。そして朝までどうやり過ごすかを考えた。そんな毎日が、ずっとつづいた」

「恵まれているかどうかじゃない」彼女は言った。「女性たちは階級を超えて、暴力にさらされている(Violence on women cuts the class)」

じっと彼女を見つめる支持者の顔が映し出されていた。女性が多かったが女性だけではなかった。権利がないものとして扱われているのは性的マイノリティもそうだと、その後知った。

「ああ、あのときの裁判官だ」この動画を見たとき、私は「そうだった」と思った。裁判官席の中でひときわカラフルに見えた彼女をふたたび「かっこいい」と感じた。

ケニアでは、最高裁判所裁判官の国民審査制度はないらしい。最高裁判所長官は、「司法官任用委員会」の面接を受けて、大統領に任命される。2021年5月、ついに女性初の最高裁判所長官が誕生した。私の見たレイディ・ジャスティスではない。また別のレイディ・ジャスティス。もう私たちは女性の「ジャスティス」の前に「レイディ」をつける必要がなくなったみたいだ。ケニアでは。

マラウイ共和国

リロングウェ／ンカタベイ

ビッグママたちに助けられる

マラウイでは、首都リロングウェの裁判所に行った。そこで見た裁判官がまとっていたのは、黒のスーツ、大ぶりの金のイヤリングに太い金のネックレスもつけていた。マラウイの裁判官は親近感があり、なにか叱ってくれそうな、ビッグママ感を醸しだしていた。彼女の顔をスケッチしながら、私は旅の道すがらいろいろと世話を焼いてくれたアフリカ各地のビッグママたちのことを思い出していた。バスや電車に乗り合わせたおばちゃんたちの多くは「こんな小さな中国人の女の子が1人で旅行するなんて、おばちゃん心配だよ」などと言って親身になってくれた。休憩中にバスに乗り遅れないように声をかけてくれたり、お茶やごはんをごちそうしてくれたり、バスを降りた後も宿なしの私が宿を確保できるよう手助けしてくれたりした。

「アフリカでは女性の地位が低いところが多いとよく言われるけれど、だからこそ、女性は女性を助けるのかも」……一般化は禁物と分かりつつも、そんな一般論にしてしまいたくなるくらい、私はビッグママたちに助けてもらっていた。

青空裁判だ！

マラウイという国について一言。私はアフリカに来るまで、そんな名前の国があることすら知らなかった。マラウイは、大陸の南東部に縦に入った小さな亀裂に、水がたまり、湖になった「マラウイ湖」のまわりに人が住み着いてできた国だ。

私はマラウイ湖の北端から湖畔に沿って、ミニバスに乗って南下していった。ミニバスの窓からは、スイと澄んだ湖の風が不断に吹き込んだ。頬に心地よくその風を感じ、どこまで進んでも隣にある湖と、そのわきにワシャワシャと生えつづく葦を眺める。マラウイは風の通る場所で、湖はまるで隣の母さん。生活感があった。

バスを降りて、小さな湖畔の町ンカタベイで何日か過ごした。この町では夕方になると、港に沿って魚を売る男性たちがびっしりと並んだ。ぷんと鼻につく魚のにおいも、潮気のない風の中で心地よい。私はこの町で本を何冊か読み、中国人バックパッカーの

陽気なマラウイの人々。

友人と再会し（彼女とはその後南アフリカでも中国でも再会することになる）、すっかりまったりと涼んでから、内陸の首都リロングウェへ向かうことにした。

ミニバスが首都に着き、埃の舞う交差点に停まったとき、ずっとそよそよと気持ちよく吹いていたマラウイの風が止まったことに気づいた。マラウイも、首都はほかのアフリカ各国の首都と同じように、埃っぽく、そして没個性的なのであった。

だから私はここでも、「ルーティン感」を予想して裁判所に向かおうとした。アフリカの裁判所も、独特の緊張感があり、権威のにおいがする、飲食禁止の場所であり、「ピリッとした場所として演出されているもの」と、一般化して。

ところでバックパッカーの泊まるキャンプ場付きの宿は、町の中心、いわゆるダウンタウンにあることが多い。裁判所もたいていはその近くにあった。裁判所というものは、町が作られたころに建てられた古い建築物で、そうした建物はダウンタウンにあるのだ、ということが多い。マラウイの小さな首都リロングウェでも、投宿した地域に裁判所があり、私はあまり考えずにある午後ふらっと足を運んだ。

門をくぐって広大な敷地に入り、庭の中を歩く人々に法廷はどこだと聞いた。彼らが指さす方へ近づくと、法廷の構えらしきものが見えた。私は驚いた。

「青空裁判だ！」

その呼び方がリロングウェの法廷を表現するのにもっともふさわしいだろう。ここの法廷は、大きな庭に柱と屋根だけの、風の通る空間だった。そして人々は、青空の下で裁判をすることに慣れっこになっているように見えた（当然と言えば当然である）。

午後の庭には土埃まじりの風がやわらかく吹いていた。「法廷空間」に無造作に並べられた木の長椅子に腰かけると、「イーッ、イーッ、イーッ」とまるで夏休みのセミの鳴き声のような、規則的な音が流れ込む。よく耳をすますと、それは庭の物売りの声であった。

庭から手が伸びてくる。手の中にはバナナの房が握られている。目が合うとバナナ売りのおばちゃんはニカッと笑う。その向こうには、水を売るおばちゃんもいる。プラスチックのカップに入った水と、ボトルに入った水を、大きなたらいの中で冷やしている。こちらのおばちゃんも目が合うとやはりニカッと笑い、大だらいを頭の上に載せてこちらへ近づいてくる。

「クワチャ、クワチャ」おばちゃんは言う。クワチャとはマラウイの通貨単位である。私は「裁判所の傍聴席」に座りながら、ポケットからボロボロのマラウイ・クワチャの紙幣を取り出して水を求める。飲食禁止どこへやらである。おばちゃんはもう一度ニカッと笑うと私の手からマラウイ・クワチャを取り上げ、コインを放ってお釣りを返す。

キャンプ場にテントを張って暮らす日々。裁判所の敷地もこんな感じ。

それから「法廷」のわきの草むらに大だらいを置き、腰を下ろして大げさな溜息をつく。すぐに隣のバナナ売りのおばちゃんとの雑談に入る。雑談は風に乗って緩やかに舞う。

風がスイと通っている。私は風の吹いてきた方を向く。午後の日差しが樹々のあいまから降り注ぎ、売り子のおばちゃんたちをキラキラと黄色く照らす。雑然とした法廷の中で、ときおり英語が聞こえた。例によって解説をしてくれそうな人を見つける。

「ここは刑事法廷で、今日の裁判は使用人による窃盗なんだ」その男性弁護士は言った。

「あれが検察官だよ」検察官は警察官と

同じような、薄茶色の制服を着ていて、いかにも公務員という感じ。英語と現地語のちゃんぽんで証人尋問を行っている。証人は英語を話さないようで、英語で行われた証人尋問は、書記官らしき人が現地語に通訳していた。

「マラウイの裁判も三審制なんだ。治安判事裁判所（Magistrates' Court）から高等裁判所、最高裁判所へと上訴していくルートがある。それとは別に、民事事件は、伝統的な審判システム（Traditional Tribunal System）で裁かれるルートもあるんだよ」弁護士が簡単に説明してくれた。

伝統的な審判システムとはどういう仕組みか。興味を惹かれたが、滞在中に知るチャンスはめぐってこなかった。そのときはまさか、8年後に「公的な裁判と村長や首長による伝統的な裁判のあり方をアフリカ8カ国で調べる仕事」が舞い込むとは思っていなかったから、この「村長が紛争を解決する仕組み」のことは頭の片隅に放置して、旅をつづけたのだった。

特別でもない場所

マラウイの法廷でも、審理は流れ作業だった。法廷では子供たちが駆け回っている。

シーッと叱る大人もおらず、裁判官も厳格な顔で「静粛に！」などとは言わない。被告人の発言に赤ん坊の泣き声が重なる。柱の向こうから吹き込む風、傍聴人のまわりを取り囲むざわめきから、生活のにおいがする。

赤ん坊の泣き声が裁判官や当事者にとってのBGMであるのと同じように、裁判の進行していく様子はバナナ売りのおばちゃんたちにとってのBGMなのだろう。裁判所と生活が地つづきになっているという感覚を、初めて味わった。

奇妙なむず痒さとともに、ここの人々にとって裁判所は「それほど特別でもない場所」なのかもしれないと思った。「特別でもない場所」だからこそ、私の目には「特別な場所」に映ったのが、逆説的だった。

タンザニア連合共和国

ダルエスサラーム／ストーンタウン／モシ

2つで1つの国

インド洋沖に浮かぶタンザニアのザンジバル島を発って、同じタンザニアの都市ダルエスサラームに向かうとき、「出入国審査」を通過した。ちゃちなペラ紙に名前やらパスポート番号やらを書き込んで提出し、夜行の船に乗り込む。

ピリッとした緊張をおぼえた。同じ国なのに国境を越える緊迫感があったせいだと思う。島を出る船はギイギイと音を立て、港の「出入国管理ゲート」が遠ざかっていく。島の記憶も、透きとおったザンジバルのエメラルドグリーンの海のように、透明に薄められていく。

タンザニア連合共和国は、1964年に本土タンガニーカ共和国と島嶼(とうしょ)のザンジバル人民共和国が合併してできた国だ。元の名前をタンガニーカ・ザンジバル連合共和国という。

この「島嶼ザンジバル」は、元は中東オマーン帝国の一部だった。その後、ザンジバル・スルタン国ができると奴隷貿易で栄え、イギリスの支配下に入ったのちに独立。大陸の国タンガニーカと合併。

いまでもザンジバル島は、本土のタンガニーカから強い自治権を認められた、ザンジバル革命政府によって統治されている（革命政府とはいかつい名前だ）。立法、行政、司法の三権も、タンザニア本土とザンジバルでそれぞれ別にある。つまりザンジバル革命政府は自前の議会、行政、司法制度を持っているのである。要職もタンザニア本土・ザンジバルで分け合う。たとえば大統領が本土から選出された場合には副大統領はザンジバルから選ばれるし、大統領がザンジバル出身の場合は、副大統領は本土から選ばれる。……などという規定も憲法にあるらしい。いまの大統領は副大統領から繰り上がって大統領になったが、彼女はザンジバル出身だ。

裁判所もタンザニア本土とは異なる。「タンザニア高等裁判所」はタンザニア本土で生じた事件を管轄し、「ザンジバル高等裁判所」はザンジバル島で生じた事件を管轄する。ザンジバル特有の裁判機関「イスラム裁判所」と、それに対して不服を申し立てる裁判所は、タンザニア本土にはない。タンザニア本土とザンジバル島とのあいだで起こった事件は、「憲法裁判所」が管轄して判断する。

ザンジバル島の旧市街はストーンタウンと呼ばれる、白壁に囲まれた迷路の町だった。スパイスの香りで満ちた埃っぽい路地が、暗く入り組んでいる。日陰に入ると風の迷い込んだような、すきまの場所のにおいがする。

国立文化博物館にて。
合併に際しては、両地の大統領がタンガニーカとザンジバルの土を混ぜるという象徴的行為を行ったという。

「サモサを食うか？」路地に長身のおやじさんの声が響いた。その英語にはアフリカ人特有の、くぐもった分厚いアクセントがなく、代わりに抑揚の強いインド風のアクセントがある。小麦粉と混じった油のにおいが漂い、中東やインドのようだ。小銭を払って1つもらうことにする。

ひっそりと暗い路地の端に、黒い衣につつまれた老婆たちが、ピタリと張り付いて動かない。あせた桃色のショールがヒラリと流れ、いたずらっぽい若い女性の笑みが行き過ぎる。髪をまるごとショールで覆って、ふわふわと、彼女の身体も路地の角に消える。明滅する影。男性たちは白い筒形の帽子を頭に載せ、ふっと振り向いた瞬間、イスラムのアザーンが流れ始めた。

私はふうと息をついた。インドとイスラムを掛け合わせたようなエキゾチックな雰囲気にあてられて、「インド洋の向こうに中東があり、インドのベンガル湾がある」という海の地図が頭に浮かんだ。

ストーンタウンの裁判所

裁判所は、ストーンタウンの観光地のど真ん中にあった。石壁の町に調和する、石造りの建物だ。足場が組まれているのは、工事中なのだろう。ストーンタウンは小さな町なので、私は歩いて歩いて、汗をふきながら、その「地図上で裁判所らしき」建物を見つけ、入ろうとした。すると、

「いまここは工事中だから」守衛らしきおじさんがそう言って止める。やはりそうか。

「裁判所はここ?」私が聞くと、

「ああ、そうなんだけど、この建物はいま改築中なんでね。何しに来たの?」

「傍聴に」

「んじゃ、こっちの建物はもう機能してるから、こっちに入りなよ」

近くの建物を指さす。とりあえず入ることにすると、そこが高等裁判所だった。

「刑事、刑事法廷、刑事事件……」と、すれ違う法服姿の人々にまるで呪文のような言葉をかけながら、白い廊下を歩いた。石でできた建物の廊下は涼しく、「あれ、裁判所はどこも涼しいのだっけな」などと私は記憶を捏造する。

「裁判所には何か共通項がある」と、自分で作ろうとしているだけの気もする。

「ここで刑事事件をやっているよ」と何人目かに言われた法廷に入ると、たしかにそれらしき裁判をやっていた。午後の光がうすく部屋を照らしている。

赤い光沢のあるローブを身につけた裁判官をピエロのようだと思った。それから、「ずいぶん堂々としたピエロだな」とも思った。ローブには金の縁取りがあり、襟と袖だけがグレー。白いタイにはきれいなプリーツが入っていて、ファンタジー感があった。

「これは人身保護令状(Habeas Corpus)の事件だ。勾留の効力を争っているところだ」隣の弁護士が解説してくれた。アラブ系の風貌に黒い法服をまとったおじさんであ

ストーンタウンの海沿いを散歩する人々。治安も良い。

る。ザンジバルでは保釈の権利はすべての犯罪類型に認められているが、タンザニア本土では保釈が認められない犯罪があり（殺人やテロなど）、それが問題視されていると知ったのはもっと後のことだった。

「右側に座っている5人はジャーナリストだよ」おじさんは私のメモを見て、これが弁護人、これが被告人と説明してくれた。

「君は日本人？」

「そうです。この事件は注目されている事件なのですか？」

「うーん、そうでもないと思うけどね。君もジャーナリストなのかい？」

「いえ、そうではないです。観光で来て

います」私は正直に答えた。

「ということは、特別許可ももらっていないのかな？」

「許可って？」

「法廷で、メモを取る許可だよ」

「え……」答えにつまった私に、弁護士はアララという顔をした。

「君は外国人だから、許可をもらっているのかと思っていたよ」

「…………」

「ザンジバルではジャーナリストか特別許可をもらっている人でないと、メモを取ってはいけないんだよ。だから、何も持っていないなら、うーん……君はメモを取ってはいけないということになるね」

彼は、私が描いた頭をそり上げた裁判官のスケッチの横にちょうどペンで「私選弁護人（Private Advocate）」と説明を加えてくれているところだった。「しまったな」と私は思い、「それは知らなかったです」と言った。おじさん弁護士はメモを私に手渡した。

メモを受け取って、気まずく沈黙したまま視線を交わした後、「ありがとう」と言って私は法廷を出た。裁判官にメモを没収されやしないかとヒヤヒヤしながら、そのまま逃げるように裁判所を後にした。本当に外国人がメモを取るのはＮＧだったのだろうかと考えながら。

日本でも法廷メモ訴訟があった

この話は私が「許可なくメモを取った」エピソードになってしまった。とにかくそのときは、「ついにメモNGの国に来たのか」という気持ちになって終わったのだが、じつは日本にも法廷でメモを取ることが許されていなかった時代があることを思い出した。しかもけっこう最近までである。レペタ氏というアメリカ人弁護士が「それは不当だ」と争ういわゆる「レペタ訴訟」が起こるまで、外国人であっても日本人であっても、一般の人間が許可なしに法廷でメモを取るのはNGという決まりだったのだ。

簡単にレペタ訴訟の説明をする(この訴訟は、法律を学ぶ学生には有名な訴訟である)。

- レペタ弁護士は、経済法の研究でアメリカから来て、所得税法違反の事件を傍聴していた。
- 当時は法廷でメモを取るためには裁判所の「許可」が必要だった。

・そのためレペタ弁護士は「メモを取る許可願」を裁判所に7回（！）提出したが、認められなかった。
・レペタ弁護士は、精神的損害を被ったとして、国に対し、国家賠償を請求。
・最高裁判所まで闘い、レペタ弁護士の請求は退けられたが、判決の「傍論」で裁判官は意見を述べた。
・いわく、メモを取る行為自体は「故なく妨げられてはならない」。
・「メモを取る行為が法廷における公正かつ円滑な訴訟の運営を妨げる場合には、それを制限又は禁止することも許されるが、そのような事態は通常はあり得ないから、特段の事由がない限り傍聴人の自由に任せるべき」

平成元年（1989年）3月の判決が出た当日に、「全国のすべての裁判所が、一般傍聴人向けの掲示板から『メモ禁止』のルールを削除した」と言われている。

日本でも、平成になるまで、すべての裁判所に「メモ禁止」の掲示が出されていたのだ。ザンジバルでの私と同じように注意されて法廷を出た一般傍聴人が、けっこう最近までいたということなのだ。「よく見てください、掲示板に『メモ禁止』とありますよね」などと言われながら。

いまでも私は、ザンジバルでの「メモNG」のやり取りについてはよく憶えている。でも法廷の傍聴席がどんな配置で、裁判官はどんな顔をし、どんな衣装を着ていたのか。裁判内容や、被告人の言葉や、法廷に漂っていた空気はどのようなものだったのか、そういったことは、途中までのメモに基づく情報しかない。

アーカイブがないと、頭の中に仕舞ってある記憶は、うすぼんやりと輪郭をなくし、雲散霧消する。それはそれで口承文芸のように詩的なものとなるかもしれないが、その変形をつづける液状化現象には、私の裁判傍聴の記憶は、きっともちこたえられない。

それに、メモを取ることは、現地語での裁判の内容を聞き取れない私にとって、解説者（現地の法律家たち）とのコミュニケーションのツールともなる。「柵の中、左から2番目の黒い法服の人は、検察官か弁護人か」などといった質問が、イラストを見せれば「これ、誰？」だけで済む。静粛を求められる法廷では、それが助かる。

ザンジバルまで来て私は初めて、レペタ弁護士、レペタ訴訟をサポートした日本の弁護士の方、お疲れさまでした、と日本の裁判メモ事情に思いをはせたのだった。

本土の都市、ダルエスサラームとモシ

話は、本土のダルエスサラームに移る。無事にたどり着いたダルエスサラームの町は、ねちょねちょと蒸し暑くて埃っぽかった。町の中心部にある安宿、その前の道端にはゴザが敷かれ、埃まみれになったTシャツや時計を売る物売りたちが、東洋人の私を見て「チャイナー」と声をかけてくる。道端からスパイスの香りは消え、その代わりにバーベキューの肉の焦げるにおいがした。青空食堂では、マトケ（甘くないバナナ）を添えたスープがコトコトと煮込まれている。私がケニアやウガンダで「アフリカ的」と思って嗅いできたにおい。生活から流れ出たそのにおいは、だだっ広い街路に溶け込んでいた。

アフリカと中東とが混在したようなザンジバル島とは、違う空間だと感じた。私は少しだけ、「ただいま」と思った。いやしかし、おかえりと言ってもらえるようなどの場所に、私は属していたのだろう。……この問いは、静かに、絶え間なく私をおそった。旅をするということは常に「帰属」を問われつづけることと裏表である。無数の「帰属」の記憶は、私を自由にしながら、とらえてもいた。

ダルエスサラームでも裁判所の前まで足を運んだ。高等裁判所のある通りは海岸から近く、街区1ブロックを占める大きな建物は、窮屈な石造りのザンジバルの建物と対照的だった。その日の法廷はお休みだったので、中は見られなかった。私はちょっと残念なような、面倒が省けたような気持ちを抱きつつ、海沿いを歩いて帰った。トゥクトゥクに乗って魚市場を通るとプンと潮のにおいがした。

その後、ダルエスサラームから本土のもっと内陸に入り、キリマンジャロの麓の町モシまで足を延ばした。バスで1日がかり、道はガタガタで、私はずっと気持ちが悪かった。とにかく道が悪かった。デンマークから来た小説家のカーレン・ブリクセンが、キリマンジャロを通ってコーヒーを運ぶ道の悪さを書き残しているが、100年が経ったいまもこの道はどうやら上級者向けである。

モシの市内にある初等裁判所で一応、裁判を見た。「メモは禁止」とは言われなかったが、そのときのメモはあっさりしていた。眼鏡をかけた裁判官（治安判事）の顔のイラストと、彼女が法服ではなくスーツ姿であったこと、そして机に向かっていた関係者が誰だったかということくらいしか書いていなかった。

しかしその数少ないメモの中には、「Magistrate（判事）」と「Assessor（判事補佐官／裁判所補佐人）」という文字があった。このときの私には「Assessor」というものがいったいどのような役職なのかも、またどうして日本にない役職がタンザニアの本土にあるのかも、何も考えていなかった。空っぽの頭に「これは判事を補佐する人なのね」くらいのリアクションを響かせてパタリとメモを閉じた。そしてすぐに忘れた。次に太平洋の片隅で「Assessor」という役職と出会うまで、5年ものあいだ、忘れていた。

しかしメモは後世に伝えるのだった。流れてしまった情報を。すでに供給されていた素材を。そして当時の自分の無知を。あるいは、歴史が各地に遺した爪痕を。すでにあった世界と、あとから見た世界の交錯する場所を。

8年後の話

それから8年後の2021年、司法調査の仕事を受けて、私はタンザニアを再訪した。

「え、メモを取る権利？　本土にもザンジバルにもありますよ」

一緒に仕事をしている裁判官が言った。

「8年前だって、メモを制限する法令はなかったハズですよ。本土にも、ザンジバルにも」

私はしばらく口を開けたまま黙っていた。メモを取る権利云々(うんぬん)で一項分の原稿を、書き終えてしまったではないか……。

ルワンダ共和国・ブルンジ共和国

キガリ／ブタレ・ブジュンブラ

千の丘の国

青空は広く、大平原には土埃が舞う。真っ白な朝と、橙色に沈む夕日。バーベキュー網で焼いた食肉。それをちぎって食らう私たち人間の肉体。棄てられた野菜くずと側溝に流れていくポリ袋。排気ガスは日差しに焼かれ、風はじっとりと湿っている。

訪問した27カ国の「アフリカ」を混ぜ合わせて濾(こ)したら、私にとっての「"This is" アフリカ」はこういうひとつかみの情景になって出てくる。

ところが例外もあった。ルワンダといって思い出すのは、うすい靄(もや)でスイーと守られた、静かで霞(かす)んだ情景だった。山岳気候のこの国は、「千の丘の国（Les Mille Collines ミル・コリン）」と呼ばれ、日差しは強くても空気はさっぱりして、蒸し暑くない。山間の道から見下ろす丘陵は深い緑に覆われて、ぽつんぽつんと赤い屋根の集落が見えた。

「すべては虐殺の文脈で語られる」

アフリカ旅は長旅だったので、目的らしき目的もなく、私はそれをかっこいいと思い込んでいたし、それをよしとしていた。「サファリに行きたい」「キリンに会いたい」「砂漠が見たい」「ジビエが食べたい」といった目的のある旅も、もちろん楽しい。しかし目的のない旅にはすきまがあって、いままで名前も知らなかったような場所にもふっと行けたりして、それがまた楽しい。

ルワンダだって、「アフリカ南下の途中だったから」くらいの気持ちで立ち寄った。映画『ルワンダの涙』や『ホテル・ルワンダ』を見て、「あんなこと」があった国はいまどんな感じなのだろう、という野次馬的な興味も抱いていた。

「内戦あったよね？」

「虐殺とか……もう復興してるの？　危なくない？」

そんなイメージが先行するのは私だけではないようで、ルワンダに行くことを伝えると日本の友人からは、続々と「大丈夫？」と反応があった。もう20年以上も経っているのに、昔、ニュースで聞いて映画で見ただけの「あんなこと」が強烈すぎるのだった。

山に張りついているように見える集落の赤い屋根。「千の丘」の緑とのコントラストがよい。

ちょっと調べると、ルワンダはいまや発展していてIT先進国、ゴリラ見物などの観光コンテンツもあると分かる。なのに、そういう「ルワンダはいま」「ビックリの発展」も含めて、いまだにこの国にまつわる出来事を語るときは「あんなことがあった国なのに」から始まる。
「ルワンダで起きることはすべて虐殺の文脈で語られる」と、フィリップ・ゴーレイヴィッチの『ジェノサイドの丘』に書かれていた。私もまた、そうやってルワンダを歩き始めた1人だった。虐殺があった国なんてどれほど無秩序だったのだろうか、とか、でもそこから急速に復興しているのには何か理由があるのだろうか、とか勝手なことを思って。

キガリの高等裁判所へ

夜行バスで朝のバスターミナルに着いた瞬間から、ルワンダの首都キガリは、不自然なくらい静かだった。いままで通ってきたアフリカのバスターミナルは、どこもガチャガチャとした音にまみれて、怒号やクラクションや物売りの声や、バイクタクシーのブンという音があったのに、キガリではそんな音の気配がうすかった。

バスの前で待機していたバイクタクシーの運転手さんは、蛍光色のゼッケンをつけていて、「僕たちはオフィシャル・バイクなのだ」と言った。いままでは「オフィシャル・バイク」はたいていニセモノだったので、私はここでもそれを「嘘でしょ?」と疑った。

しかし彼は当たり前のように私にヘルメットを渡した。

「ほかの国ではノーヘルや3ケツ4ケツもしょっちゅう見かけたよ」私はつづけて言った。

「そうかい。まあここも、昔はそんな感じだったように思うね」運転手さんは英語で話した。

「いまは、僕たちは後ろに1人しか乗せられないし、ゼッケンをつけてヘルメットを持

司法省の看板はフランス語と現地語。

っていなければ、運転手を名乗れないんだよ。そういう法律があるから」彼は当たり前のように言った。まわりを見ると、たしかにゼッケンをつけた運転手しかいなかった。

　バイクは新しいビルの建つ町を抜け、法定速度を守りながら、宿までの道を走った。路傍に野菜くずが落ちていないし、糞尿のにおいもない。クシャクシャになったポリ袋も、プラスチックの破片も見えない。そんなすっきりと整備された坂を、バイクは悠然と上っていった。サーッと風に舞い上げられた砂粒が、地面に戻っていく。いままで雑然としたアフリカの町や村を疾走してきた私は、なんだかキョトンとしてしまった。

最高裁判所の看板は英語、フランス語、現地語の併記。

キガリで何日目かの晴れた午後、私は大通りを渡って裁判所に向かった。裁判所の敷地は、当時泊まっていたバックパッカー宿から歩いて行ける場所にあった。

敷地の門をくぐると古い無造作な看板があった。フランス語で「司法省(MINISTERE DE LA JUSTICE)」と書かれた下に、現地のキニアルワンダ語で「MINISITERI Y'UBUTABERA」とある。下部にあるウェブサイトのURLは、色あせて消えかけている。駐車場はデンと大きく、車がぽつぽつと停まっていた。

大きなクリーム色の建物を見つけた。そこには「URUKIKO RW'IKIRENGA」とキニアルワンダ語で書かれた比較的新しそうな看板。その下に英語で

「SUPREME COURT」、フランス語で「COUR SUPREME」と記されている。最高裁判所のようだ（ちなみに最高裁判所は1994年以前は青少年スポーツ省のものだったらしい）。

「そうだ」と私はルワンダについての付け焼刃の知識を復習する。ルワンダはもともとベルギーの植民地で、現地語（キニアルワンダ語）のほか、フランス語を公用語としていた。が、最近になって公用語に英語が追加された。さらにはイギリス連邦（コモンウェルス）にも加盟したらしい。

結局私が入ったのは、最高裁判所の隣にある高等裁判所（High Court）だった。部屋の前にフランス語で「第1法廷（Salle D'Audience No.1）」と記されている。セキュリティチェックはない。まず驚いたのは、傍聴席がキッキッの満員であるということだった。木の長椅子に、1列につき正確に5人ずつ、30人がびっちりと肩をくっつけ合って座っている。被告人たちだった。

なぜそれがすぐに分かったのかというと、彼らが全員一様に、ピンクの作業着めいた服を着ていたからだった。うすいピンク色、うすい綿素材のほぼスモックで、身体に合っている人も合っていない人もいた。被告人たちはじっと押し黙ってみな法壇の方を向いていたが、法廷はザワザワしていた。法廷に赤ん坊がいて、その子をつかまえようとする親がいたからだった。

それにしても、つい不自然だと思ってしまうほど、被告人たちは統率がとれていた。彼らはひとりひとり、自分の裁判に呼ばれては、何事かを語り、また木の長椅子まで戻っていき、窮屈そうにギュウギュウに詰めて座った。被告人たちの声は概して小さく、よく聞き取れなかった。弁護人のついていない人が多かった。

弁護人のつかない重大事件

裁判はほぼキニアルワンダ語で行われていたが、ときどきフランス語が混ざった。傍聴席は一番前の席以外空いていなかったので前列まで歩いていくと、被告人たちがじっと私のことを見ているのが分かった。彼らは、声もなく、音もなく、顔も動かさず、「場違いなガイジン」である私を凝視した。

そのときに私がふと思い出したのは、司法修習生だった時代の「刑務所訪問」のことだった。修習生は司法に関するさまざまな場所に出かけて「現場」を学ぶ。その日は、「女性修習生はスカートではなくズボンを着用のこと」との指示が（たしか地方検察庁から）あり、私たちが刑務所に着き、中の作業室に入ると、収監されている人たちは全員、作業をやめて壁に向かって顔を伏せさせられていた。外の世界を目で経験しないように、と。

そんなことを思い出しながら入ったこの法廷でも、ただでさえ外国人の傍聴は目立つので、一番前にはなるべく座りたくなかったが、やむなく座ることになったので、ひとまず裁判官の顔をスケッチすることにした。おそらく四十がらみの、シュッとした細面の裁判官だった。事件と事件のあいまにときおり金縁の眼鏡を取って目頭をおさえる、男前だ。正面から見た顔、その次は横顔……スケッチがはかどる。

法服は黒。白いタイをつけているが、それが厚ぼったくて、トイレのお手拭きタオルをほうふつとさせる。弁護人も検察官も、同じ黒い法服に、同じような分厚いタイをつけていた。裁判官の後ろの壁には大きく、デン！　とルワンダの大統領の写真が飾ってあった。法壇の横の旗は、じっとして揺れることもない。

「いまやっているのは何の事件ですか？」

いつものように、近くの弁護士らしき男性に聞いてみた。

「この事件は、妻殺しだね」やはり弁護士だったその男性はあっさりと言う。

「え、殺人事件？　重大事件ですね」私は面食らった。「重大事件なのに、こんな風に30人一緒に審理されるんですか？」

「そうだ」と弁護士。「重大事件とはいっても、自白事件だからね」

「よく見たら弁護人もついていないじゃないですか」

「うん。自白事件にはつかないことはよくあるよ」

「それでいいの?」

「いや、もちろん理想はついてた方がいいが、そうできない被告人もおおぜいいる。この事件は否認して争っている事件じゃないから余計に……」弁護士は流暢な英語で、当たり前のように言った。この国に入ってから、「いつから『当たり前のことは当たり前』なのだろうか?」と考えることが多い。

「そうなんですね」私はただ相づちを打つばかりだった。日本だって、国選弁護人がつく制度はあるが、被告人の手続保障が充分かどうかの議論は「人質司法」の例を待たずあるのだ(それから何年か経ち、いま私は、ルワンダの司法制度を調査する仕事をしている。被告人に弁護人がつかないことはルワンダ司法の大きな問題としてクローズアップされるようになっている)。

法壇の前に検察官が立って、何かを言った。彼が座るのを待って、被告人もまた、つぶやくようなかぼそい声で何か言った。それを聞きながら、弁護士が教えてくれた。

「検察官の求刑は20年だそうだ。被告人は情状を酌んで12年にしてくれと訴えている」

「本人訴訟だから、彼が直接弁論をしているんですね？」

「そうだ。判決は次回だ」

判決がいつなのかは分からなかったし、次回を見られるとは思っていなかった。

全員分の審理が終わると、ピンク服の被告人たちはまとめて去った。誰も怒鳴ったり、大声で話したりはせず、ザッザッと列をなしてオートマチックに法廷を出ていった。腰縄も手錠もされていないのに、彼らはなんだか、操られているように見えた。

30人の事件のあいまに、法壇の前に座った検察官は眠っていた。居眠り検察官を眺めながらなぜか私が思い出していたのは、「虐殺記念館」のことだった。

展示される「あんなこと」

私は裁判所に行く前の日、キガリの虐殺記念館に足を運んでいた。入場無料の記念館の入口には透明な募金箱が置かれていて、床はピカピカに磨かれていた。

「1994年、当時政権を握っていた多数派のフツ族が、少数派のツチ族を虐殺した」

「被害者数は、約3カ月で50万人とも100万人とも言われる」

ルワンダという国では、ベルギーの統治下にあった1962年までは、少数派のツチ族が多数派のフツ族を支配していた。ところが独立後は立場が逆転し（フツ族が支配民族になった）、民族対立がツチ族への弾圧に変わっていった。和解の試みもあったものの、弾圧はエスカレートし、１９９４年、フツ族大統領の暗殺を引き金に、約３カ月間の虐殺が起こった。これが悪名高きルワンダ虐殺について私が学んだ、（現在）一般的とされる「歴史的事実」だ。

凄惨な虐殺を前にして、国際社会は介入を躊躇した。助けが遅れたことでさらに死傷者が増えたともされる。その中で、現ルワンダ大統領カガメ将軍が「ルワンダ愛国戦線（ＲＰＦ）」を率いて亡命先のウガンダからルワンダに戻り、混乱を収める。……だいたい、ルワンダ虐殺の説明はこんな感じで終わる。

入口を通り抜けてすぐ、数多くの「生き延びた人々」の証言ビデオが流れる中を、私はそろりと歩いていった。記念館での展示は、１９９４年４月の「あんなこと」がどれほどのことだったかを中心に、虐殺に至るまでのルワンダを、１９５９年を起点に「当時のフツ族政府によるツチ族住民の迫害」「フツ族政権の暴政」にからめて描き出していた。

「ツチ族を殺せ！　というたくさんの『権威』のプロパガンダ。それに従ったたくさんの『加害者』フツ族たち」の展示。「計画的に行われた虐殺」という言葉。「ひどい拷問や殺害」が展示された一角は照明が落とされていて、「国際社会の対応」の中では「虐殺へのフランス軍の関与」が厳しく非難され、対照的に、「虐殺を終わらせた英雄としてのRPF」は立派に描き出されていた。

展示はディテールの説明も多く凄惨で、生存者の証言は胸がつぶれそうな苦しいものだった。しかし一方で違和感もぬぐえなかった。展示は加害者側の民族とされるフツ族の非難に終始していて（たしかにひとつひとつの殺人には加害者／被害者がいるのだけれど）、その背景に関する歴史的記述は、予想外に少なかった。ルワンダがベルギーの植民地だった時代の民族関係や、「結局何がこの虐殺を引き起こしたのか」の考察もほぼない。それに証言ビデオは被害者のものだけで、加害者のものはひとつもなかった。展示の「立場」があまりにも明確なのだった。

展示と説明（および説明を省いていること）に私は、なんだか見慣れたハリウッド映画のような、明確なストーリー性を感じた。ちょっと意図的なのではと思うくらいに。いや、もちろんよそ者である私には、その真偽をあれこれ問う知識も資格もない。それは承知している。

だけど、フツ族だってたくさん殺されたのだ、と私は思った。ツチ族虐殺に加担しな

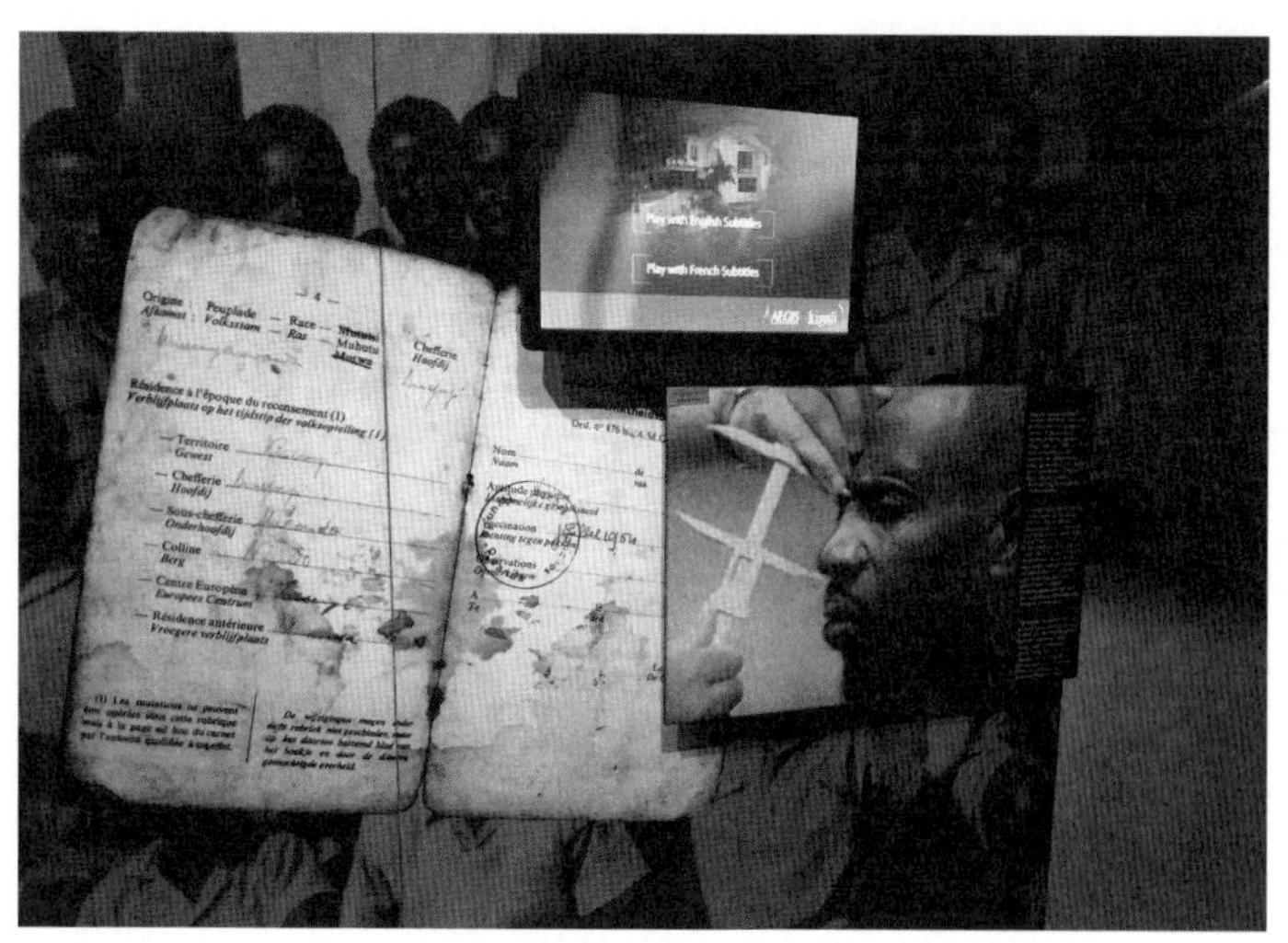

お金を払ったら展示の写真撮影OKになっていた。2021年のもの。

かったフツ族もまた、「虐殺に加担しなかった」かどで、混乱の中、虐殺されたと言われている。それに、ルワンダにはフツ族とツチ族だけでなく、トゥワ族のような少数民族もいて、彼らも犠牲になったと言われる。この混沌とした極限状況において、犠牲者を「集団として」定義することは本当に可能なのだろうか。

「虐殺の罪」の定義は「民族などの集団破壊の意図」を含むから、これを虐殺と言うために集団として加害民族と被害民族を決める必要があるのだという話も聞いた。でも生存者の言葉の中に、「誰もこの虐殺を理解していない」というものがあった。それはきっと本当にそうなのだろう、と私は思った。

記念館から一歩外に出ると、1994年の虐殺から二十数年が経ち、一気に豊かになったルワンダの首都キガリの町が広がっていた。

『ホテル・ルワンダ』のプールサイド

虐殺記念館に行った後、「オテル・デ・ミル・コリン（Hotel des Mille Collines）」という4つ星ホテルにも出かけた。ここは、映画『ホテル・ルワンダ』の舞台になったホテル。この映画は、フツ族だったホテルの副支配人が、虐殺のさなか逃げてきた人々をホテルの中にかくまって守ろうとするというストーリーだ。その副支配人は実在するこの「オテル・デ・ミル・コリン」のルワンダ人ホテルマンをモデルにしているという。

ホテルのロビーは白くて清潔で、ゆったりとした時間が流れていた。メインホールではどこかの団体の国際会議が開かれている。スーツを着て首から身分証を下げたこぎれいな欧米人たちが、静かな廊下を行きかう。

どっかりとソファが鎮座するロビーを抜け、階下に下りるとプールがある。天気は曇りだったが、きれいな場所だった。青々と人工的なプールの傍らに、藁葺き屋根の小屋

「千の丘」という名のホテル。

このホテルで2021年にCOVID-19下の入国後隔離を行うのだが、それはまた別の話。

のバーがあり、プールサイドにはビーチチェアが並ぶ。私はバーカウンターに下りていき、カクテルは高かったので安いビールを頼んだ。キンとよく冷えていて、美味い。

あの映画の中で、この「プールサイド」は、真っ暗な絶望の海に浮かぶ、1本の藁のように描かれていた。二十数年前、虐殺から逃れてきた人たちがこのホテルに籠城し、この洒落たプールの水を飲料水にしていたなどという嘘か本当か分からないようなストーリー。二十数年後に、貧乏バックパッカーが日本からやってきて、写真を撮り、プールサイドでビールを一杯やるなんて、そのときの彼らが想像することはあっただろうか。「いや、副支配人はきっと想像できたのだ——そうした目には見えないかすかな未来が、あの3カ月のあいだ、彼らの希望だったのだ」なんて。

そんなことを思ったその瞬間、「いや、それもおかしな話だ」と即座に考えた。これらは全部、浮遊するイメージにすぎない。私は、ふわふわと交錯するフィクションとノンフィクションの中を漂っていて、「事実」というものや、「歴史的事実」というものが、いったいどこにあるかも分からない。

ミイラのにおい

ルワンダ中心部にあるキガリから南下して、隣国ブルンジを目指した。その途中、国境にほど近い、山間の地方都市ブタレに立ち寄った。町を南北に貫く一本道に沿って、小さな家々が並んでいた。

虐殺記念館は国内にいくつかあり、首都キガリのほかに、ブタレ近郊にもあった。曇天の午後に町からバスとバイクを駆って、しばらく未舗装の道がつづく丘をのぼる。以前は学校の校舎だったという建物があり、その「旧校舎」が、当時多くの人が殺されたムランビの虐殺記念館なのだった。ここは凄絶だった。

敷地内にあるいくつかの建物には、いまでも、「その場所で殺された」859人におよぶ犠牲者の骨とミイラが安置されている。安置所に一歩足を踏み入れると、ぷんと石膏の乾いたにおいがした。

「おそろしいにおいを憶えてしまった」と私はそのとき、瞬間的に分かった。どんな説明よりも、「あんなこと」を近くに感じた気がした。安置所の中には、子供のミイラばかり集めた一室もあり、そこには穴が開いた頭蓋骨や、ねじれた身体が、埃をかぶって無造作に重ねられていた。

帰り道、行きと同じバイクタクシーの後ろに乗り込み、丘を下る。行きと変わらず未舗装の赤土の道は、バイクの振動に合わせて土埃が巻き上がる。

ハッと気づくとオレンジ色の作業服を着た人々の隊列を追い越していた。ミカンの皮のような濃いオレンジ色、おそらくうすい綿で、スモックのような上っ張りだ。オレンジ色の背中の隊列は、坂道に沿ってうねうね、追い越しても追い越してもつづいた。バイクタクシーのエンジンと風のうなりで聞こえなかっただけだろうか、誰も何も話していないように見えた。

隊列は長くつづいていた。生気のない、しかし統率の取れた行進を、最近どこかで見たな、と私は思った。そして少し、ひやりとした。

「あれはね、屋外刑務作業から刑務所に戻る囚人たちの列！」と、バイクタクシーの運転手さん。

「こうやって外を歩いてるの？」彼の大きな声に応じて、私も声を張り上げる。

「うん、こんな山道、逃げたって遭難すらあ」と、運転手さん。

「そうかなあ、遭難はしないと思うなあ」あいまいに返事をする私に、

「まあ、そう簡単に逃げられやしないよ！」運転手さんは、当たり前のように言った。ピンクは刑の確定していない未決囚、オレンジは既決囚の服だと（ちなみに労働刑を受けた者は青らしい）、後になって聞いた。

ムランビの虐殺記念館は何もないところに現れる。

いつまでもつづく囚人の列。

ブルンジの裁判所

数日後、私はブタレの町を出てさらに南下し、隣国のブルンジに入った。ブルンジは本当にすぐだった。滞在したのはブジュンブラという（当時の）首都で、私はこちらでも裁判所に足を運んだ。

裁判所ではフランス語と現地語（キルンジ語）で裁判が遂行されていた。私が入ったのは民事訴訟を扱う法廷。「土地の侵害（Infraction）」をめぐって争っていた。原告は私人で被告は公証人とのことだった。弁護士はまわりに見当たらなかったので、現地の土地法のことは分からずじまいだった。

法壇に裁判官は7人いて、うち女性の裁判官が2人だった。私はその1人をスケッチした。法服は赤でテラテラしており、襟と袖口が黒でタイは白。裁判が終わると、裁判官たちは金糸で縁取られた黒のベレー帽をかぶって去っていった。あのベレー帽も制服として支給されているのだろうか。

ブルンジは内戦が終わったばかりで治安はよろしくなかったが、タンガニーカ湖は美しかった。ルンディ語（キルンジ語）とキニアルワンダ語はきょうだい言語だと聞いた。

裁判所にはスムーズに入れた。看板はフランス語で書かれ、裁判もフランス語が主だった。

宿のおかみさんはフランス語をしゃべった。ルワンダと双子の国と呼ばれたこのブルンジにも、ツチ族とフツ族と少数民族のトゥワ族がいて、民族の緊張関係や虐殺の歴史があった。けれども、ここはいまではルワンダとはまったく別の国だった。

町には物乞いがいて、道端にカラフルなアフリカ布を広げて座り込んだおばさんたちが野菜を売っていて、警察官がそれを取り締まっていた。排気ガスが暗い町中に撒き散らされていた。物価は安く、野菜くずはにおい、ポリ袋は路肩に捨てられていて、バイクはノーヘルで、そこは私の知っている「アフリカ」らしい場所だった。ルワンダからこんなに近いのに、なんだか違う世界に来たような気がした。

フィクションっぽい旅

アフリカの中で、ブルンジは何が違わず、ルワンダの何が違っていたのか。それは「秩序」なのではないかという気がした。そう考え始めると、人も町も、谷間を抜ける風も空も、規則に従ってそこにあるように見えた。それはどこにでもあるものかもしれない。ただの程度の問題かもしれない。じつは水面下には混沌があるのかもしれない(きっとそうだ)。

それでも、舞い上がった埃がルワンダでは強い重力で、すぐに谷底に沈殿していく気がした。「ガチャガチャと頭の中を掻きまわされる、あのアフリカらしい混沌」がないことに、私は混乱していた。

私はルワンダの持つ歴史にあてられて、裁判所見学も隣国ブルンジ訪問も「虐殺の文脈」で語り、果てには、歴史とフィクションの境目を見失っていたのかもしれない。裁判所で見た被告人たちも、キガリの虐殺記念館で聞いた生存者の肉声も、4つ星ホテルのプールサイドも、859体のミイラも、フィクションのにおいがするような気がした。

結局、ルワンダとブルンジで、合わせて1カ月を過ごした。最後にルワンダとコンゴ民主共和国の国境の町キブイエを訪ねると、両国を隔てるキブ湖に夕日が沈んでいた。濃いオレンジ色をした夕日を見送りながら、私はなぜか、ブタレのバイクタクシーから見た囚人服を思い出していた。私は「何も知らず」、私の旅はイメージのつなぎ合わせでできていたのだった。

エスワティニ王国（旧スワジランド王国）

マンジニ

美しいシマウマとの邂逅

「ここには草食動物しか生息していないので、人間のみなさんが入っても安全です」

……そういうわけで、このムリルワネ野生動物保護区（Mlilwane Wildlife Sanctuary）では、人間（という雑食動物）がその中を歩き回ることが許されていた。熟練の腕を持つアフリカン・レンジャーたちを雇ったり、４ＷＤなどのゴツい車を借りたりする必要はなかった。

夕暮れどき、保護区の中にある宿に帰る道すがら、シマウマの一群とすれ違った。うすオレンジ色に染まった草原で、ゆっくりとその一群は草を食(は)み、彼らのたてがみもまた、うすオレンジ色の夕日に染まっていた。

１頭が、フラリと私の方に近づいて首をもたげた。目が合って、言葉も交わせそうな

触れそうなほど近くにいるシマウマ。

くらい近かった。そこだけ世界の解像度が上がったように、しっとりとしたまつ毛までが見えた。彼女がまばたきをすると、一陣の風がゆるく吹き、頬を撫でた。私はビクッとして、目に見えるようで見えていない、隣の世界に思いをはせた。
私も彼女も、一枚の絵の中にいるみたいだと思った。

「お作法だからさ」

それから数日が経った午後、私は裁判所に向かっていた。さて、今回はどこからどう攻めるべきか……入口でうろうろしながら考えていると、突然後ろから声がかかった。

「ちょっと（Excuse me）」その声は英語だった。

「はい？」

「こっちに来てもらえる？」振り向くと、おそらく私と同世代くらいの、現地の人らしき女性が立っている。フレンドリーな雰囲気、こぎれいなＯＬ感。裁判所職員のようである。初めて訪れる裁判所ではいつも、最初に話しかける人に迷うから、これはいいチャンスだった。

「裁判の傍聴をしたいんですけど」私は法廷の場所を聞こうとした。女の人はハハンという顔で私のことを頭からつま先までザッと眺めて、屈託のない笑みを浮かべた。「ダメダメ、その恰好じゃダメ」

「え？」反射的に聞くと、

「それ、ダメなのよ」彼女は、私の擦り切れて破れたジーパンのひざ頭を指さして言った。

「しまった……」ドレスコードがあるということである。彼女はヒラリと手を振って、私を暗い所内に手招きした。

「ついてきなさいよ」

あれ、この小汚い恰好では入れないいんじゃないのか？　と思いながらとりあえず黙っていくことにした。彼女はすぐに窓口らしき場所の前で止まって言った。「腰布をさ、貸してあげるから、あなたちょっと事務局の前にいて」

行けるのか、行けないのか。……待っていると、彼女はまたたく間に戻ってきて、うすい綿の布をファサッと私の前で広げてみせる。

「これ、巻いてね。カバーできればいいから」

暗い赤色の、その布はわりに大きく、腰に巻き付けてもダブついて余っていた。私はその見ず知らずの女性に手伝ってもらいながら、巻き付けた布の端をギュウギュウとウエストに押し込んだ。布はひざ下、脛のあたりまで下りて、私の小汚いジーパンをたっぷりと隠した。

「お作法だからさ（Manners）」彼女は言った。

寄席っぽい法廷

きれいな英語をしゃべるその女性は裁判所書記官で、通訳官でもあった。刑事事件が見たいと言う私を、彼女は法廷の中まで案内してくれた。通訳の仕事で外国人に慣れていると言ったが、日本人は初めてらしい。物珍しかったのだろう。ぺちゃくちゃ話をしているうちに私たちは刑事法廷に着いた。穴の開いたジーパン越しに、ひざ頭が綿の布に触れてサラサラと音を立てる。

天井が低く薄暗い法廷は、当事者や傍聴人でいっぱいだった。私は滑り込むように、そのほぼ満席の法廷の最後列に、ちょこんと座った。長椅子はぎゅう詰め、隣には痩せぎすのおばさんが座っている。柵の向こうの3列の当事者席も満員だった。

「どこもかしこも人がいっぱいだね」柵の向こうを指さして私がささやくと、

「あそこにいるのは弁護人、検察官、ジャーナリストよ」と書記官の彼女が教えてくれた。「証言台の前に5、6人が並んでいるでしょ？　あれは自分の裁判を待っている被告人。で、それぞれの弁護人や検察官も、自分の事件の番になるまでテーブルで待っているわけ」

弁護人たちは待っているあいだもなんとなくいかめしい顔をしていた。

「あんな固まって待っているし、この法廷は軽微な事件を扱っているの？」そう聞くと、

「そうね。交通事故とか、覚せい剤（Daa）とか。そんなところ。いまやっているのは覚せい剤の事件」

「なんか思ったよりも緊張感がないね。人が多いから？」

「というより、軽い事件だからね」

「そういうものなのか」

コソコソ話していると、法廷の中でワッと笑いが起こった。被告人の受け答えに、傍聴席がウケていたようだ。隣のおばさんも笑っていた。証言台は高座さながら。しかし現地語のジョークは、もちろん私には分からない。

「結局2000R（およそ2万円）の罰金で収まったようね」審理の終わりに罰金額を聞いた。それが高いのかも安いのかも、分からなかった。

そのまま何人かの裁判を見て、私は裁判所を出た。薄暗くてガチャガチャとした、井戸端会議だか寄席だか分からない法廷を出ると、埃でかすんだ午後の光が首筋を焼いた。私は腰布をはぎとって返した。案内してくれた書記官の彼女は、「SNSでつながろう」と言って名前と連絡先を書いてくれた。

そんな私たちのやり取りを、痩せぎすのおばさんが見て、にやにやしていた。すぐにそれが先ほどの法廷で隣に座ったおばさんだと分かった。おばさんの隣には同じように痩せぎすのおじさんがいた。おじさんは、先ほど傍聴人をジョークで沸かせていた覚せい剤事件の被告人だった。……つまり隣のおばさんは、結審後のおじさんを連れ帰りに来たのだった。おじさんはうなだれるでもなく、当然のようにおばさんの隣に立って、普通にしゃべっていた。

「ここは独特な国だからね」

この裁判所は、当時「スワジランド」という名称だった国の、一応最大都市と呼ばれるマンジニにあった。

アフリカ南部、南アフリカ共和国の北隣にあるこの小さな国に、私は1週間滞在した。保護区にほど近い渓谷沿いの「文化村」では、赤と白の民族衣装の布を身体に巻き付けた女性たちが朗々と歌声を張り上げ、伝統の「リードダンス」を優雅に踊っていた。その赤は、私もつけさせられた腰布の赤だった。

郊外には音楽を流すクラブもあり、野外イベントに行くと、気のいい台湾の軍事関係者たちと出会って酒を飲んだ。町の中心部のショッピングモールでは、サマーキャンプで来ていた台湾人の高校生たちに出会った。夕暮れどき、10代の男女の姿はいきいきと楽しそうで、私までその青春の1ページにしばしときめいた。

「ここは独特な国だからね」クラブで出会った台湾軍のおじさんは、流れる音楽のあいまを縫って、そう話した。私がこれから西アフリカに行くという話をすると、おじさんはつづけて言った。「西アフリカのガンビアにいる台湾人を紹介しようか?」

リードダンスは迫力があり、観光客向けと分かっていても感動した。

結局は紹介してもらわなかったし、ガンビアにも行かなかったが、ガンビアは当時、アフリカでも数少ない「台湾と国交のある国」だったのだ。……いまはもう、ガンビアと台湾のあいだに国交はない。

「スワジランド」という国の名前が変わったと私が知ったのは、ずいぶん後のことだった。国名変更があって1年も経ったころだった。「ポリネシアの島国の多くが台湾と断交した」という国際ニュースを読んでいるとき、「アフリカでも台湾との断交は相次ぎ、現在唯一台湾と国交を有している国はエスワティニだけである」という記事が目にとまったのだった。

「エスワティニ……」私は噛みしめるよ

うにつぶやいた。聞いたこともないけれど、どこか懐かしいような響きがする。グーグルマップでエスワティニを調べると、アフリカ南部、南アフリカ共和国の北隣の国にピンが落ちた。

国王ムスワティ3世が、イギリスの植民地だった時代に名付けられた「スワジ」人の「土地（ランド）」という英語名を嫌い、現地語で「スワジの地」を意味する「エスワティニ」に変更しようと提案したのは、自身の誕生日と独立50周年を祝う式典でのことだったという。提案したその日のうちに国名は変更された。

1968年にイギリスから独立したスワジランド王国、もといエスワティニ王国は、いまの時代に珍しい、絶対君主制の国だ。王の権力は強大で、行政権も立法権も持つ。いまの国王は、独立後の1986年、政争ののちに父王の後を継ぎ、成人即位した王様だ。ゴシップ的な文脈では、「年に1度のリードダンスに処女を集めて踊らせ、そこで選んで娶った妻の数は十数人にも膨れ上がった」というニュースが有名。この国のHIV感染率の高さとあいまって、ニュースは性的な意味に焦点を当てられて流されたりもする。

しかしそうしたゴシップ以外に、エスワティニの情報は日本に届かない。最近では、新型コロナウイルスに感染した首相が死去したというニュースがあったくらいだ。

国王の独裁が手堅いから、ちょっとやそっとの圧力では台湾とも断交しなくていいのかもしれないなとも思った。台湾軍のおじさんも言っていたように、「ここはきっと独特な国」なのだろう。

懐かしき「お作法」

「裁判所書記官の彼女に連絡してみよう」とふと思った。返信はすぐに来た。

書記官　わー、ユウコ！　ずいぶん久しぶりね。私は裁判所の仕事をやめて、いまは行政省でスポークスパーソンをやっているの。

私　元気そうで何より。私はいま、世界の裁判傍聴をテーマに本を書いてるよ。

書記官（元）　いいね！　お手伝いしたいけど、情報の発信については、かなりいろんなお作法（Protocol）とか手続があるから、どうだろう。ジャーナリストの調査のフォーマットがあってそれでやらないといけない。前に1度、アメリカのジャーナリストと一緒に調査をしたこともあるから、経験はあるんだけどね。そのときは彼が調査をして、私は通訳アドバイザーとして手伝ったんだけど。

私　そうなのね。私の本はジャーナリスト的な調査というより、私の経験に基づくエッセイという感じなんだけどね。省庁での仕事はどう？

書記官（元）　省庁の仕事はおもしろいよ。ほかの省庁にかかわる人事のことをやるから、ときには大変なこともあるけど。最近は公務員の給料アップのためのストライキがあって、今週は収まったけど先週は暴動になった。あとはそうね、国名が去年の4月に変わったよ。

暴動があったとサラッと言うのもすごいなと思いながら、彼女の「お作法（Protocol）」という言葉に、なんだか懐かしい気持ちを抱いた。彼女との付き合いは想像だにしない「お作法（Manners）」から始まった。日本の裁判所でひざ頭の破れたジーパンを穿いていたら怒られるだろうか？　眉をひそめられたり先入観を抱かれたりしても、布を持ってくる事務官はいなそうだ。

破れたジーパンをきっかけとした邂逅を、ちょっと特別なことのようにあのときは思っていた。でもいまになって保護区の写真を見返して、特別なことでもないのかもしれないとも思うようになった。

見えるようで見えない空間、遠いようで近い空間、そのあいだを行ったり来たりする

クラブでは南アフリカ人にも多く会った。ダンスはもちろんリードダンスではなく西洋風だ。

風。どうせ風は絶え間なく吹いてくるのだった。いまもフラリと気まぐれに吹き出して、飽きたころにこちらに戻ってくる風。あそこはじつはすぐ隣の空間だったのだと気づかせてくれる、そんな風。
　私もときおり気まぐれのように、お作法にのっとって、そのゆるい風にそっと言葉を乗せて送り出す。それがエスワティニにも届く。いまも、大きな空に赤い夕日を見ると、シマウマと絵の中で会話をしていた、あの保護区を思い出すことがある。

ナミビア共和国

ウィントフック

スプリングボックス

友人と合流し、砂漠の中、ロードトリップのまっ最中。すれ違う車はほとんどない。金色の太陽に焼かれた砂粒は、私たちの車のあらゆるすきまに入り込み、明るい光源となる。まるで命を吸い込んだように、金色の砂粒はキラキラとまぶしい。

サファリとは、スワヒリ語で「長い旅」を意味する言葉だ。国立公園のど真ん中にある幌（ほろ）のホテルでは、スプリングボックがスキップしながら、幌の向こうに消えていった。カサカサに乾いたこの平原に、バンビのうしろ脚が蹴り上げる砂が、よく舞う。

私たちは沈んでいく太陽に照らされた草食動物を肴に、ゲームミートのディナーに参加した。草食動物たちはすべて焼き肉のタレの中に漬けこまれ、（肉食のはずの）ワニ肉と一緒にべろんべろんとグロテスクに、バーベキュー網の横に並べられていた。たくさんの種類のディップやソースや塩コショウやタレの瓶が、白いクロスのかかったテーブルに置いてあり、バーベキュー網はじゅうじゅう、じりじりと音を立てる。もくもく、ふくふく、ごくごく、つるつる、ぺろぺろ……サファリの中でライオンの捕食を見たときのことを、私は思い出した。肉をひたすタレが、テーブルクロスの白に飛び散る。

スプリングボックの捕食者は、ライオンでありチーターである。ラグビー最強チームのひとつである南アフリカのナショナルチームはスプリングボックスと呼ばれている。

「アフリカ人」たち

「すべての人には公正な裁判を受ける権利がある」――ナミビア共和国憲法第12条。

「すべてのアパルトヘイトを禁止する」――ナミビア共和国憲法第23条。

ナミビアの、ある町のキャンプ場でテントを張った。オーナーたちは「白人」で、ドイツ訛りの英語をしゃべった。体格がよくて、気のよさそうなそのおじさんたち2人は「キッチンも好きに使えよ」と言って、夜はブーンとどこかへ出かけていった。「おれたち『現地人』は飲み屋に向かうのさ」

ナミビアは、旧ドイツ領であり、旧南アフリカ領なのだった。

カラハリ砂漠1000キロメートルを走り、ナミビアとボツワナの国境に向かうと、夜は国境が閉鎖されていた。私たちは朝が来て国境が開くまで、路傍の大きな樹の下で、車をひっそりと停めて仮眠をとった。寝苦しい夜に夢はなく、真っ暗な空にはちらちらとガラスのような星くずが浮かんでいた。砂漠の夜は冷えた。

道中、スーパーに寄った。臀部(でんぶ)がバンと張って、大きな三角の布の帽子を頭の上に載せているのは、コイ・サン族(コイコイ人・サン人)的な特徴をそなえたおばさんだった。

スーパーの駐車場には髪を編む少女がいて、Tシャツを売る青年がいた。土埃にまみれたその露店の光景が、とても「アフリカ的」だと思った。「アフリカ的」というのはいったい何なのだと、何度も問いつづけた問いがまた頭をもたげてきて、私はそれを振り払った。

「ステレオタイプから自由になりたい」と思っているうちは、「アンチ・ステレオタイプ」という名の不自由を強いられているのかもしれない。それはそれで1つのレールの上を歩いているので、悪いことでも何でもない。

「TIA——This is Africaだよ」映画『ブラッド・ダイヤモンド』を思い出しながら、

「TIA」という、だだっ広い場所に来た旅人が解放感を錯覚して叫ぶ「呪文」を思った。

「TIA」は私にも、アフリカ旅を始めたときからくっついてきた。それはおそらく、旅人がマラリアの次によく罹患する風土病で、重症になると「このだだっ広い場所は現実なのだろうか」という心境（または状態）に至る。映画『2001年宇宙の旅』を見ているときの、現実をフィクション化するジェットコースター体験に似ている。

マラリアを恐れた私は、少しでも熱が出るとすぐに病院に行った。いまでいうCOVID-19への危惧に近い。ナミビア・ボツワナ・ザンビア・ジンバブエの4カ国の国境の近くでも、私は病院に行って、採血のマラリア・テストをしてもらった。結果は陰性、ただの風邪だと知った私の体調は一瞬でよくなった。

「問題ないよ、君ももう立派なアフリカ人！」白衣を着たアフリカ人のお医者さんは私の肩をぽんとたたいて、診察室から追い出した。

裁判所

ナミビアの首都ウィントフックの高等裁判所「民事法廷A」にて。法壇に座った男性の分厚い眼鏡は、鏡のようにキラキラと光っていた。白髪がのっぺりと豊かだ。

アフリカでの裁判傍聴初の「白人」裁判官は、壮年のおじさんだった。分厚い眼鏡があまりに光るので、その内側の目はよく見えない。黒い法服を着たこのおじさんの裁判官を、アフリカ人と呼んでもいいのだろうか、などと私は思った。——ここでも、自分の「アフリカ人」ステレオタイプに気づかされる。

民事法廷Aには傍聴人はいなかった。対照的に、「刑事法廷C」の中年おじさん裁判官は、赤いローブをまとい、頭をそり上げた「黒人」裁判官で、その法廷は傍聴人が多かった。被告人は4人。ジャーナリストやメディア関係者が出たり入ったりして、どうやら世間の耳目を集めた性犯罪の事件らしい。大きな刑事法廷Cは劇場や講堂と同じく、階段のある空間で、シンと不自然な沈黙が、泥のように沈んでいた。

がさがさと、私の前の傍聴席に入ってくる、大きな緑地の布が目に入った。布だと思ったものは、緑地のガウンをまとい、緑地の三角帽をかぶった、大柄な女性だった。大きなイヤリングをつけていた。彼女はおそらくコイ・サン族系のヒンバ族の女性で、おそらく関係者——被告人の家族だった。被告人が供述しているのを泣きそうな表情で見ていた。

「いま、弁護人は、犯行があった後の被害者の行動について話している。被害者証言の不自然さを立証しているのだ」と、私の近くに座っていた別件の弁護士が解説してくれた。

「ところで、私の前の列に座った女性は関係者ですか?」と私は、「アフリカ人」らしい風貌をしたその「黒人」弁護士に聞いた。

「被告人の家族のようだね」彼は答えた。

1990

最高裁判所と高等裁判所の入口には、よく磨かれた明るいグレーの大理石があった。文字が浮き彫りではなく、沈め彫りになっている。ピカピカしていて、たいへん読みづらかった。その中で私は「公正な裁判」と「アパルトヘイトの禁止」の2つの条項だけを写真に収めた。

第23条1項
ナミビアの人民の多数が長期にわたり苦しんできたアパルトヘイトのイデオロギーおよび人種差別の慣習は、議会法により禁止されなければならない。そのような慣習に対

ピカピカしすぎて、写真を撮ろうとするこっちの姿も写り込む。

しては、議会が拒否を表明し、拒否のために必要とする刑事罰を定め、裁判所の命令により刑事罰を執行する。

1990年2月、ナミビア共和国憲法採択。

1990年3月21日、ナミビア共和国独立。

隣国の南アフリカでは、1990年2月11日にネルソン・マンデラ釈放。

1994年4月27日に南アフリカ史上初の全人種参加選挙実施（同時期にルワンダ虐殺）。

ナミビアは1990年の独立まで、南アフリカの統治下にあった。悪名高きアパルトヘイト政策のあいだも、ずっと。

つまりアパルトヘイトはナミビアにも存在したのであった。

「アフリカの法制度は、歴史を追っていくと4層になっている」という論説がある。いわく、

「1層目が口頭で伝わる伝統法。いまも慣習法として重要な位置を占める」

「2層目が（アフリカ全土ではないが）宗教法。主にイスラム法。しかしアフリカのイスラム教徒は、家族・相続法の分野のほかは土着の慣習法を大幅に受け入れた」

「3層目が植民地時代のヨーロッパ法」

「4層目として独立後に整備された法。成文化された権威ある法が好まれたために、口頭で伝わっていた伝統法は衰退した。しかし、公式法は都市、教育のあるヨーロッパ的サークルにおいては作用するが、いわゆる『ブッシュ』や大都市を囲むスラムには到達しないとする見解もある」

この論説を読んで湧き出すいくつかの疑問。「1層目の伝統法」「2層目の宗教法」「3層目の植民地時代のヨーロッパ法」、では、伝統、宗教、ヨーロッパ法の上に乗るのは、ほかのアフリカ諸国と違って、ここでは「ポスト・アパルトヘイト」の制度なのか。

「白人」のチケットを切られた者は「白人」用の入口から、
「非白人」のチケットを切られた者は「非白人」用の入口から入る。

どうなのか。

4層目の中で言及されている、「ブッシュ」という言葉。ブッシュというのは茂みや奥地を意味し、いまは「蔑称」とされている。映画『ミラクル・ワールド ブッシュマン』も、いまはタイトルを変え、映画『コイサンマン』となっている。

「死の谷」

ある日、ナミビアを覆うナミブ砂漠に出かけた。ナミブ砂漠はカラハリ砂漠の一部で、赤い砂漠であった。「死の谷」と呼ばれる雲ひとつない砂漠の一角で、水がなくなって700年、極度の乾燥のためミイラ化して生きながらえているシワシワになった樹木を見た。それを「絶望」の親戚かもしれないと思った。

火の鳥の呪いにあてられたように、雨の降らない、赤と青と白のやけに鮮やかな世界で、ただただ時が過ぎるのをやり過ごす。それともこの樹も1秒1秒を、暗い意識の中で数えながら、目を覚ましてくれる何かを待っているのだろうか。樹肌にふれると指にちくりと何かが突き刺さった。それはもう針のようになってしまった樹の繊維だった。ほじりだすと小さな玉の形をした血がすべり出た。

朝日がのぼるのとともに、砂漠は血のような赤に染まった。吹き付ける風に微細な砂が混じり、目がちりちりと痛い。乾いた空間に、涙を流すことはできない。ちりちり、キラキラ、この砂漠の砂はケイ素でできている。ガラスと同じ、ケイ素でできている。砂粒がガラスの粒なんてひどい話だ。

頭が痛い。まるでバラバラに崩れていく私の旅の断片のように、すくってもすくってもとどめきれないその微細な粒。血を吸ったように赤い、死に絶えた粒。ざあざあと風が吹きすぎると、あとにはもう、「TIA」のかけらも残らなかった。

死んでいるのか生きているのか分からない、ミイラ化した樹。死の谷にて。

へらでなでつけたようにきれいな斜面。赤い砂漠。

序章の続き

バングラデシュ人民共和国（その二）

ダッカ／タンガイル

ダッカの高等裁判所

チリンチリン、パーパーという懐かしい音。道路が生き物のようにうごめく喧噪のダッカを、晴れた日、リキシャに乗って、がたごと走った。

アフリカから世界をぐるっと回って、私は長い旅を終えた。その後は、半分仕事、半分旅で各国に出かけた。仕事は、調査の依頼が多かった。弁護士に戻ろうとは思わなかった。でもバックパッカーに戻ろうとも思わなかった。その夏、バングラデシュの仕事が入ってダッカに帰ってきて、仕事のあいまに、今度こそ私は裁判所に出かけた。

大きな白い石造りの建物が、ざらっとくすんだ青空によく映えている。

車で乗りつける人が多い。リキシャで乗りつけた人は私のほかにいなかった。黒い法服と思われるローブを着た人々や黒い背広を羽織った「正装」の人々が行きかう。その中には、サロワカミューズというたっぷりとした民族衣装の上に黒いジャケットを着た女性もいる。伝統と新しいフォーマルの共存は、衣装にもあらわれる。

正門と思われる入口から中庭へ足を踏み入れると、外の大通りの喧噪が嘘のように、ピリッと緊張感のある静寂につつまれていた。1人に声をかけると、ここは高等裁判所だと分かった。隣には最高裁判所があるらしい。

「2階の法廷が開いているはず。刑事裁判をやっている法廷もあるし、令状（Writ）の審理をする法廷もあるはずよ」弁護士らしき女性は言って、1階の廊下の先、階段の方を指さした。

日本の裁判は三審制である。審理は、地方裁判所→高等裁判所→最高裁判所の順番で進む。バングラデシュでも高等裁判所は、日本の高等裁判所と同じように、一審ですでに審理された事件が、二審目として控訴される場所である。と同時に、令状を出すかどうかの審理の始まりとなる裁判所（一審目の原審）でもあった。

歴史をさかのぼって1774年、バングラデシュがイギリス領インドだった時代に、当時の最高裁判所が令状を出す権限を与えられ、それがいまの高等裁判所の原型になったということだった。

私は2階へ上り、法廷を探して、たっぷりとお昼の日差しが注ぎ込む渡り廊下をたどった。1つ目の法廷・第27法廷の扉を開くと、明るい廊下とは裏腹に、法廷の中は薄暗い。

「やはり裁判所は中に入ると薄暗いところが多い。古くてかび臭い図書館みたいなにおいと、停滞した緊張感で満ちている」そんなことを考えて、なんだか懐かしくさえ思った。

刑事裁判の行われていた第27法廷に、裁判官は2人いた。傍聴席に弁護人がたくさん待機している。いくつもの事件を同じ場所で一気に処理するタイプの法廷である。弁護人たちは、自分の担当していない事件のあいだは退屈そうにヒソヒソとおしゃべりをしていた。

そのうちの1人に、「君は外国の弁護士?」と聞かれた。

「そうです、日本から来ました」と私は答えた。ナンパの手間が省けた。「裁判官2人というのはよくあることなんですか?」

「ああ、『合議法廷(Division Bench)』は2人だね。『単独法廷(Single Bench)』が1人。『大法廷(Full Bench)』が3人の裁判官からなる。ちなみに最高裁判所は5人、6人、

7人のときもある」裁判長の裁量でもっと人数を増やすこともできると、バングラデシュの憲法学者が記した書籍に書いてあった。

私は、法廷全体に漂うピリッとした緊張感を味わいながら、柵の中に立つことを「許されている」人々の、背筋の伸びた演説風の姿勢をスケッチしていた。彼ら彼女らは大がかりな身振り手振りで弁論をしていた。まるで舞台上の演者のように。それを見るイチ傍聴人の私は、舞台演劇を見ているときに似て、どこか自由になるような感覚を抱いた。

誰にも邪魔されない暗闇の中で、「自分」と「演者」の空間だけを行き来する時間。ときおり自分の中にこもって考えたり、気づくとその「中身」が溶け出て演者の空間に吸収されていたりする。あたりをつつむ緊張感、通る声、誰にも話しかけられないし誰にも見られていない状態。自分はここに属しながら見る側でいることが許されているという安心感。

観劇とシンクロさせながらそのときふと私は、この息の詰まる場所に対して自分が、「帰ってきた感」を抱いていることに気づいた。

バングラデシュという国だけではなく、法廷という特殊空間に対しても、私はかすかな帰属の感覚を抱いていたのであった。

2つ目の法廷にも裁判官は2人いた。ここは令状を審理する法廷だった。

「1カ月以内の提出を命令する」そう裁判官の1人が言った瞬間に、裁判官席の後ろの扉が開き、警備員っぽい男性が2人入ってきて裁判官たちのわきに立った。何の提出が命令されたのだろう。目鼻立ちくっきりでシャープな雰囲気の裁判官をスケッチしながら考える。すると隣の弁護士が私のスケッチを見て話しかけた。

「あの裁判官はね、サイード・リファート・アフメド（Syed Refaat Ahmed）といって、有名な裁判官なんだ。元弁護士でね。彼のお父さんも著名な法廷弁護士で、憲法学者でもある。父の名をサイード・イシュティアク・アフメド（Syed Ishtiaq Ahmed）という」

みんな本当によく知ってるなと思いながら、彼の言葉をそのままメモした。後で調べると、その裁判官はバングラデシュ独立後間もない時期の「元バングラデシュ法務長官」であった。政府のアドバイザーでもあり、最高裁判所の「首席弁護士」であったという（首席弁護士とはいったい何か）。さらにその妻、つまり私の見た裁判官の母上は女性初の「ナショナル・プロフェッサー」（国から教授位をもらった研究者だと思われるが詳細は謎）だった。いま、裁判所の「柵の向こう側」に正装で集うバングラデシュ人たちは、建国の人々の次の世代である。バングラデシュでは、法律こそイギリス領インド時代から引き継がれてきた部分もあれど、法の実務を担う人材は政治体制の変遷とともに少しずつアップデートされているのかもしれないと思った。

友人たちはどこへ

帰り道、リキシャ引きがリキシャを漕ぐ川沿いには、スラムがあった。いや、正確には川沿いではなく、川の上である。家の基礎となる竹の骨が川面に突き刺さり、その上に京都の川床のような簡易なプレハブがいくつも連なっているのが住居だ。そこに何家族も住んでいる。

日雇いの仕事を求めて花の都ダッカにやってきた地方のバングラデシュ人の多くは、その日暮らしをしている。ダッカは物価が高いから、お金は貯まらない。彼らはここで家族を作り、川の上に住みつづける。建設現場で働く男性たちや、縫製工場で働く女性たちも、数多くいる（バングラデシュにはアパレル工場がたくさんあり、ジュートの生産も有名で、縫製産業はこの国の一大産業だ。死者1000人以上を出した縫製工場の崩落も起こっている）。

スラムわきのチャイ屋さんでリキシャを降りて、生活臭の混ざった川のにおいを嗅ぎながら、隣り合わせたチャイ屋さんの客と、雑談していくことにする。ここのチャイも、いやどこのチャイもだけれど、とびきり甘い。スラムの子供たちが走ってきて、すぐに私のまわりに人だかりができる。キャラキャラという笑い声。子供たちを先頭に、大人たちもやってきて、話しかけてくる。こうして何度も行くチャイ屋さんでは顔なじみがたくさんできる。

川の上の家を覗くと、人1人がやっと身体を伸ばせるくらいのスペースに、家族が寄り添って寝ている。ごはんは外の通りに、かまどを置いて作る。子供たちも外で走り回る。おばあさんは、家の前でずっと座っている。家の外も拡張された居住空間だと思えば、生活空間が狭いわけではないのかもしれない。

しかしそこが家でありつづけるためには、「政府に撤去されないこと」が必須である。水上に住む人たちは、家(の基礎となる骨を刺した川面)の権利を持っておらず、撤去はしばしば行われた。

次にその水上スラムのあった川沿いを通りかかったら、川面の家々は跡形もなく消えていた。近くに新しい橋ができるから撤去されたのだと、川沿いのチャイ屋さんから聞いた。消えたのはそれだけではなかった。私が世界で遊びながら裁判を傍聴しているあいだに、地方都市タンガイルの娼婦街も消えた。

タンガイルの娼館で働く女の子たちとの会話を思い出した。その中の1人の手を、話しているあいだ中、ずっと握っていたことを思い出した。「日本はどんなところ?」と聞いた彼女は、自分の村の話をほとんどしなかった。

夕方の街路にモスクへの礼拝を促すアザーンが、音の割れたスピーカーから流れていた。私は自分が、帰る村も、行くあても、消されない家もありながら、旅をしていたということに思い至った。

2章

ヨーロッパ

Europe

- フランス共和国
- イタリア共和国
- トルコ共和国
- ブルガリア共和国

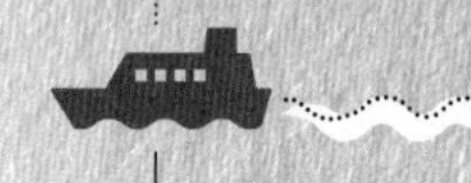

フランス共和国

パリ

パリの夜散歩

ウディ・アレンが何かの映画で誰かに言わせていた。「パリは雨の夜が一番美しい」と。トルコからパリに乗りつけた夜、パリに住む友人と飲みに繰り出していた。大衆ビストロで飲んでほろ酔いになり、すこぶるいい気分で、雨のやんだ隙をついて夜のセーヌ川沿いを散歩した。

冬が訪れたパリの夜風はピリピリと氷のように冷たかった。でもそれが、顔を火照らせて町をむさぼり歩くのにちょうどよい具合だった。冬という季節は空気が澄んで、風に含まれる水の様子がよく分かるのがいい。その夜の風は、もうすぐまた雨が降ってきそうに潤っていた。

夜のセーヌ川からは甘いにおいがする。

「パリの町って東京に比べて意外と小さいというか、歩けるサイズなんだよ」友人は言った。「だから東京では電車に乗るところを、つい歩いてセーヌ川まで来ちゃう」分かる気がした。川面に反射する町の灯りはやわらかで美しく、風は冷たいのに、どこかぬるい甘さを感じる。街路をぶらつくのは地元の子っぽかったり、観光客っぽかったりした。日常と非日常がゆるやかに混ざり合った空間は、川を背にしてずっとつづいているように思えた。

「いま、何してるの?」友人が聞いた。

「長い旅行は終わったの?」

「うん。弁護士やめた後バングラデシュに行って、その後アフリカとか中南米を旅したのね。で、その後は、いろんな仕事を掛け持ちしながら、日本とアジア各国を行ったり来たりしてる」

「いまは弁護士の仕事はしてないの？」

「してない。戻れる気がしない」

私は笑った。ビストロで食べた「牛の骨髄」とワインが、私の中でとろとろと混ざり合って、言葉になって漏れでる。ぽつり、ぽつりと会話を交わすうち、空気はまた雨を含んできた。もうすぐ本格的に降りそうだ。

2人で足を止めて、この町に雨粒が降りかかる様子を見つめる。町のきらめきに雨が混ざりこむのが美しかった。イスタンブールもサンクトペテルブルクもそうだが、パリはやはり、元祖「夢夢（ゆめゆめ）しい町」なのであった。私たちが彼女の家に帰りついたころ、雨は本降りになった。眠りにつくとき、窓をたたく雨の音がシャラシャラと聞こえた。

旧パリ司法宮が立派すぎて気後れ

翌日、目が覚めるともうお昼になっていたので、私は町へ出ることにした。

小雨の中をぶらついてメトロに乗り、セーヌ川に浮かぶシテ島にたどり着く。シテ島とはかの有名な（いまは焼けてしまった）ノートルダム大聖堂がある島で、大聖堂近くの橋にはたくさんの土産物屋があり、いつも観光客でにぎわっている（この橋を北に渡って川沿いを西進するとルーブル美術館がある）。そんなシテ島の西3分の1を占める建物が、旧パリ司法宮（Le Palais de Justice）である。

メトロの駅を出たところに、すぐに優美な建築物が見えた。それが司法宮であるとすぐに分かった。しかしそのあまりの立派さに私は突然「これは……」と思い始めた。「ちゃんとした恰好もしていないのに裁判所の中に入れるのだろうか」私はようするに、気後れし始めていたのだった。

ひとまず、「観光客の本分・町歩き」と銘打って、司法宮とは逆の方角にあるマルシェ（市場）を、雨を避けながら歩いてみることにした。そこは「植物と鳥の市場」なる場所であった。ビニールハウスの屋根の下にある、その少しごみごみした市場を、興味もないのにうろついてみる。鳥が甲高い声で、キーとかピーとか鳴いていて、かすかにえさや糞のにおいがした。クリスマスが近かったので、植物の売り場にはデコレーションのある木や花が置いてあった。買い物客がクリスマス飾りに目を留めている。私もまた、興味のないクリスマスリースを手に取りながら、これを友人に買っていこうかと一瞬考えた後、我に返ってやめた。何枚か店先の写真を撮り、「キラキラしてきれいですね」と心の中でしゃべりかけた。この市場で私ができそうなことはすべて終わってしまった。

結局、司法宮に足を運ぶことにした。寄り道先の「植物と鳥の市場」を出たときには雨脚が強まっていて、平手打ちをくらったように私はシャキッとした。「せっかくここまで来たのだから、行ってみようよ」強気な方の私が言っていた。

「次にいつ来られるかも分からないし……」

実際、この日に私が行った法廷へはもう行けなくなってしまった。裁判所はこのあと2018年にパリ北西部のクリシー（Clichy）という地区に移転した。いまも裁判機能の一部はここシテ島の司法宮にとどまっているらしいが、私の行った「軽罪裁判所」なる裁判所は移転して、もうここにはない。だからやっぱり、行っておいてよかったのだ。

時間の降り積もった旧司法宮

パリ司法宮の歴史は、フランク王国時代にさかのぼる。ここは6世紀から14世紀までは王宮（シテ王宮）として、それ以降フランス革命までは政府機関として使われたのだそうだ。そのあいだに何度も焼けて、19世紀にフランスの建築家ジョゼフ＝ルイ・デュ

雨降りの灰色の午後、司法宮までもう一歩のところ。

ックを責任者として再建されたものの、再建中にパリ・コミューンに放火されたという。再建時に作られたファサードは、その日は雨に濡れてのっぺりと光っていた。司法宮の建物群の1つには、コンシェルジュリーと呼ばれる昔の牢獄がある。マリー・アントワネットが処刑前夜を過ごしたことで有名だ。

そんな歴史的建造物の中で、現代の裁判も行われていた。雨に打たれながら建物へと入る門を探した。電話ボックスの中で身を寄せ合いながら、信号待ちの雨宿りをしているカップルがいたので私は野暮と知りながらもわざわざ彼らに声をかけ、「司法宮にはどこから入れますか?」と聞いた。彼らは「あっちだよ」

パリ司法宮。

と、（たぶん）やさしく教えてくれた。

　敷地内の門をくぐり、建物に入るところで簡単な荷物検査があった。どうやら裏口らしく、狭い。美術館の入口をほうふつとさせた。内部の重厚さにそぐわない世俗感も似ている。そっと中に入ると、廊下は薄暗く、寒く、荘厳であった。「時間の重みに押しつぶされそう」などと言いたい感じだ。

　裁判所というものは威厳と緊張の場であることが多くて、どこも重苦しい雰囲気があるが、この司法宮の重苦しさはただ単に「裁判が行われるから」というだけではなさそうだった。廊下を歩いていく。廊下は中庭に面してコの字（全体像が見えないのでもしかしたらL字か、ロの字）になっている。磨かれたマホガニー調の椅子が作り付けになっていて、薄暗い廊下で、ぬらぬらと光る。雨でしっとり濡れた上着が冷たかった。

私はまず、廊下で見かける身なりのいい人たちに「刑事裁判を見られる場所はどこですか?」と話しかけた。その中の1人に教えてもらって、私は「軽罪裁判所」法廷の前までたどり着いた。部屋の前には「TGI・第10・第28法廷(Salle d'Audience de 10ème et 28ème chambre du TGI)」とある。TGIというのは、「大審裁判所(Tribunal de Grande Instance)」のことだ。

フランスで刑事事件を扱う司法裁判所は、小審裁判所(罰金の少ない刑の事件を扱う)、大審裁判所(罰金の多い刑の事件、拘禁の短い刑の事件を扱う)、重罪院(法定刑の長い拘禁刑がある事件を扱う)、と上がっていき、そのほかに控訴院、破毀院などがある。

パリ司法宮内の廊下。

大審裁判所は刑事事件だけでなく民事事件も扱うところ、刑事事件を扱う部署は、一般的に「軽罪裁判所」と呼ばれているという

(日本語の訳語を聞くと、大きくて軽いとは？　という疑問を抱いてしまうが、そういう問題ではないらしい)。

部屋の扉の前で私はふたたび気後れした。法廷の名称が書かれたプレートを写真に撮るなどしていたが、「いやいや、迷っている時間などない」とすぐに気持ちを切り替え、法廷の扉を押し開けた。法廷の中は暖房が利いて、ほわわんとあたたかかった。裁判官が何かを読み上げている。左の陪席裁判官は横を向いたまま身じろぎひとつしない。彼女があまりに動かないので私はスケッチを開始した。横顔の美しい人であった。裁判官の法服は黒に白タイであったが、弁護人の服装も似ていた。その日の弁護人は、マフラーみたいな白いモサモサした襟掛けを、背中に回して後ろに垂らしていた。被告人と思われる男性が、立って何かを話していた。彼のジャンパーには「Sapeurs Pompiers de Paris」と書いてある。それを私はなぜか愚直にメモに書きとった。あとから調べてみると、「消防士たちは賭ける」という意味のようだった。たぶん。火事も消えそうな不断に降りつづく雨の日に、被告人が賭けているのは本当は何だろう、などと思ったり。法廷の中はシーンと静まり、傍聴人は少なく、まわりの人に話を聞けるような状態でもなかった。

法廷を出ると、扉の横には、ルネ・パロディ（René Parodi）という人名が見えた。「ルネ・パロディ、フランスのために死す」と書いてある。気になって調べると、彼は第二次世界大戦中のレジスタンスの法律家の中でシンボル的存在らしい。司法宮が牢獄として使われているあいだに死んだようだった。享年38。いまの私と同い年であった。ふたたび廊下を歩いて戻ると、ステンドグラスは暗すぎて、光を通さず、色を失っていた。窓の外はもう日が暮れ始めている。冬のパリは日が短い。ただでさえ暗い裁判所の中が、日の差さない冬の雨の夕暮れどき、真っ暗になっていく。なんだか心細くなってきた。

人間の性質

引き上げることにした。外に出るとそこが正面入口。門の上に、「自由・平等・博愛（Liberté, Égalité, Fraternité）」というワードがきらめく。

そんな「フランスらしい」言葉に1つの記憶をたぐる。それはたしか、大学1年のフランス語の授業だった。この「Liberté, Égalité, Fraternité」というタイトルの論説文が含まれた本の和訳をするという課題が出た。がしかし、その提出日の前日、私は自力で和訳に挑むことをせず、町中の本屋を駆け回って翻訳本を探したのだった。結局どうしたのかはよく憶えていない。が、同じように本屋を探し回ったあさましい仲間が翻訳本を見つけ、それを共有させてもらったような記憶がうっすらとあるから、きっとそうだったに違いない。自力で見つけてすらいなかったという残念さ。

今回訪ねた友人は当時の同級生で、あさましい本屋巡りをする私たちをしり目に、フランス語のインテンシブコース（集中講義）というスパルタ講座を受けていた。私とは対照的な性質の持ち主である。

裁判所の建物を出ると、雨に濡れた正門の向こうに、オレンジ色の灯に照らされたカフェが見えた。カフェの灯りは道の水たまりに反射し、夜の訪れをキラキラと告げている。雨が上がりつつあった。急におなかが減ってきた。カフェに入ってエスプレッソとバゲットを頼む。先ほどまでの心細さが嘘のように、じんわりとあたたかい気持ちが湧いてきた。エスプレッソをすすり、裁判所の様子を簡単にメモに書き留めると、すっかり落ち着いた。

私はポケットに入れてきた文庫本を読み始めた。それはサン＝テグジュペリの『人間の土地』であった。空港から町に来る途中、電車で隣り合ったおばさまとこの本のこと

嬉しくて、記念写真を撮った。

を話した。そのおばさまは、遠藤周作の『沈黙』を読んでいた。「フランス語になった日本人の小説と、日本語になったフランス人の小説を、隣り合う乗客が読んでいるなんてすてきね」なんて小説めいたやり取りを、私は彼女と交わしたのだった。

しばらくカフェでじっとして身体を温めた後、シャンゼリゼ通りまで、てくてく歩いた。雨が上がったばかりの街路にイルミネーションが散って、キラキラと輝いていた。パリの夜は、歩きたくさせる。

友人と待ち合わせ、メトロに乗った。その夜は、町の北西部のクリシー方面へ、ホームパーティーに繰り出した。

雨上がりの夜は長い。

「書かないの？」道すがら、友人が聞いた。

「今日裁判所に行った話とか」

「うん、書きたいと思っている。そのうちまとめて」

「うん、書いたらいいよ。てか、旅先で裁判傍聴なんてさ、いつからやってたの？」

「アフリカからかな」


歩くうちに霧雨が降り出した。かと思うと、すぐにまたやんだ。深夜になって2軒目に行くころには、夜の雨はまた音を立ててパリの街路をたたき始めていた。

私たちがその夜に飲み歩いたあの北西

部あたりにいまあるのが、新しい裁判所なのだという。

「パリという町は環状線に阻まれてなかなか拡張できない」とも言われるが、再開発が進む17区の裁判所のまわりには、新しいパリがふたたび始まっているのだろう。隔絶された中州のシテ島と、再開発地区の写真を見比べて、町が裁判所に寄り添うのか、裁判所が町に変えられていくのか、などと考える。どちらであっても、司法宮で感じた時間の重みの説明はつく。

小さい地域も大きい地域も、古い地域も新しい地域もそれぞれよい。けれども、パリはやはり雨上がりの夜が美しい。きっとあのときもそんなことを思いながら、私たちはいつもほろ酔いで、パリの夜を歩いていた。

雨と街路がキラキラ、シャラシャラと響き合っていた。

イタリア共和国

トリノ

法廷内の「縦長タッパー」

山の中腹にあるいかにも貴族の邸宅といった雰囲気のヴィラ・レストランには、広々とした庭がついている。庭の端まで歩くとそこには天蓋付きのソファがあり、トリノの町がまるごと見下ろせた。川の向こうには、その朝に足を運んだ裁判所もあるはずだった。裁判所に行かなければここにも来なかったと思いながら、私はスパークリングワインをぐいっと飲み干した。

午前中に裁判所に行き、ランチはイータリーでパスタを食べる。フィアットの自動車博物館と、国立映画博物館をはしごして、ポー川沿いを散歩する。締めは、山の中腹にあるヴィラ・レストランでふるまわれる、シェフのお任せコース。それが、その日の私の「トリノ観光」であった。

裁判は朝10時に始まった。トリノの裁判所は、庭をはさんで長い建物が2棟向かい合う形。両翼の廊下に沿ってずらっと並ぶのが法廷だ。私は受付で刑事裁判のスケジュールを教えてもらうと、重い扉をギィと開いて目当ての法廷に入った。法廷の扉はどの国も重い。

どこにでもあるシンプルな法廷だった。傍聴席の前に柵があり、1段高い場所に裁判官の座る法壇がある。裁判官の後ろの壁にはピエモンテ州のものと思われる旗と、「法は万人に対し平等（La legge è uguale per tutti）」という言葉。その足元、向かって左が検察官席で、右が弁護人席だった。弁護人の隣には法廷通訳とおぼしきお姉さんが立っている。

いかにも普通の法廷だが、その中でただひとつ、目を引いたものがあった。向かって右隅にあるガラスの囲いで覆われた一角だった。囲われた空間は細く高く、「まるで1人乗りのエレベーターだ、これは」と私は思った。「囲われた空間」は並んで2つあり、1つは壁とつながっていて、後ろに扉がある。もう1つはどこにもつながっていない。入口は1つ。人が1人立てるだけの、細く、狭い、密閉空間だ。縦長のタッパーに見えてきた。

トリノの裁判所。

その中にペドロという名の被疑者が立って、怒鳴っていた。彼はアフリカ系の外見をしていて、白いランニングを着ていた。イタリア語と英語のちゃんぽんで話し、英語のときは法廷通訳のお姉さんがすぐさまイタリア語に訳す。私はとぎれとぎれにメモを取る。

「あなたは紙を破いて侮辱的なことを言った。それは本当ですか?」法廷通訳が聞いた。ペドロ氏は一言二言、早口のイタリア語で答えた。すると裁判官も何事かを言い、法廷通訳がふたたび訳した。

「では、あなたは彼を殴りませんでしたか?」

「いいえ!」ペドロ氏が英語で答える。

「あなたは飛びかかりましたか?」

トリノの丘の上。

「針を見て……走らないといけないと思ったんだ」

「あなたは怖かったのですか?」

「気分がよくなかった。だから病院へ行った」

　そうペドロ氏が答えると、唐突に裁判官が立ち上がり、裁判官席のドアから外へ出ていった。裁判は中断となった。中断のあいだ、縦長タッパーの中にペドロ氏はじっと立っていた。疲れたのか、もう怒鳴ってはいなかった。ぼんやりとした視線がガラスに反射している。

　現場となった「病院」のことは分からなかった。何の病院だろう。よく分からないまま、私は直立不動のペドロ氏を、息を詰めてじっと見ていた。

何の裁判？

再開後の審理は一瞬で終わり、ペドロ氏は手錠をされたまま、先ほどまで立っていたタッパーその1からタッパーその2へと移った。タッパーその2の後ろにある扉が開けられると、ペドロ氏はこの部屋から出ていき、入れかわりに新しい被疑者が入ってきた。2人はタッパーの入口ですれ違った。

「身柄拘束を争う、勾留裁判だったわ」審理が終わってから、法廷通訳を追いかけ尋ねると彼女は教えてくれた。「何が争われていたの？」私が質問を重ねようとすると、「捕まったときのこと……」と答えながら、「もう裁判所を出ないといけないの」と法廷通訳の彼女はすまなそうに言った。それを見て、隣でたばこを吸っていた、頭をそり上げたスーツ姿の男性が、「僕が説明しようか？」と話しかけてきた。「さっき法廷の中にいたから」

その男性は別件の審理のためにやってきた弁護士だった。法廷の外の廊下は屋根だけがついた半屋外で、関係者が何人かたまっている。すぐ近くに灰皿があり、一服する人もいた。

「さっきの被疑者は、覚せい剤所持と公務執行妨害のかどで捕まっていた。捕まったときに暴れたか、暴れなかったか、ということを争っていたらしいね」彼は説明を始めた。

「なるほど」

「イタリアの身柄拘束は、逮捕してから48時間以内に決めるのだけど」

「日本も警察では48時間。その後検察で24時間。合計72時間のあいだに決める」

「なるほど。今回君が見た事件では、勾留が決まっていたね。ここから20日間の取り調べがある。起訴された後にどういう審理が行われ、どう量刑が決まるかは、ケースしだい」

「というのは？」

「1つは、自白したら33パーセント刑罰が軽減されるというのがある。あとは、控訴しない場合には、検察側と弁護側が一緒に量刑を決めることがあるとかも。日本ではない？」

「ないなあ。あと、さっき法廷通訳がついていたよね？」

「うん、さっきの被疑者は移民だった。イタリア語もしゃべっていたけど」

その弁護士はアントニオと名乗った。私も自己紹介をした。

「イタリアの裁判はほかにも見に行くの？」彼は聞いた。

「ううん、今日だけ」私は答えた。「あとは普通に観光をするよ」

「トリノは初めて？　いつまでいるの？」

そこから雑談になった。私はいまパートナーと一緒に半月ほどトリノに滞在していると答えた。

すると、「今晩、ごはんでもどう？」彼は言った。裁判所めぐりをしていて法曹関係者に連絡先をもらうのはよくあることだが、ごはんに誘われることはまずない。

「僕の幼なじみがオーナーシェフをしているレストランがあってね。山の中にあるヴィラ・レストランなんだけど」

「よさそう」私も興味を持った。

「今晩、貸し切りで予約を取っているんだ。僕とパートナーと、友達夫婦の4人が行くんだけど、あと2人増やせるから、もしよければ君たちも一緒にどう？」

急展開だ。ポー川沿いの広場で午後7時半に待ち合わせることになった。

古城のレストランで乾杯

時計を見ると午後7時を回っている。そのとき私たちは国立映画博物館の最上階で、天井に映るクラシック映画の断片を見ていた。ここはトリノでも有数の観光スポット。尖塔のある建物「ラ・モーレ（La Mole）」はトリノの町のシンボルにもなっている。

待ち合わせ時間が近づいているのに気づいて映画博物館を後にした。待ち合わせ場所の広場に着くとちょうど午後7時半。広場の前には金色の川が流れ、アーチ形の橋が架かっていた。夏の夕暮れに、さざなみひとつ見えない。アイスクリーム売りの声がして、私はバングラデシュの川沿いのチャイ屋さんを思い出す。

映画博物館では、ソファに寝転んで、天井に映る映画を見られる。延々と長居できる空間だ。

アントニオカップルが迎えに来てくれていた。山に入ると、小さな古城のような白い建物の壁が、夕日を浴びてキラキラと黄みがかって見える。

「いつ来てもすてき」と、アントニオのパートナーが言った。建物のわきにはらせん階段があり、西向きの庭園につづいていた。庭園からは町が一望できた。アントニオの友人・クラウディオとその妻もすでに来ていて、挨拶すると、「君、日本の弁護士なんだって？　僕も弁護士だ。よく来たね」と彼は言った。

天蓋付きソファに、私たちはどっかりと身体をあずけて、ヴェネト州産のスパークリングワインで乾杯する。「今日はお酒も好きなだけ飲んでいいからね。アントニオたちが来るといつもサービスするんだ」と、「幼なじみ」のオーナーシェフが来て飲み放題の旨を告げた。

夏の日は長い。ディナーの前にたっぷりとスパークリングワインを飲んだ。夕日が町に落ち、風がゆるんでくると、やっと私たちはソファから腰を上げて長テーブルにつき、お任せコースのディナーに舌鼓を打った。

「ワイナリー見学には行った？」ごはんを食べながら彼らは聞いた。

「チンクエテッレで行った」と私たちは答えた。チンクエテッレとはトリノから数時間のところにある、リグーリア州の海岸沿いの町だ。

「ピエモンテでも行きなよ」と彼らはたたみかけた。「僕たちはピエモンテ人のアイデンティティがあるから、こっちを勧めるよ」

ピエモンテ州の州都がトリノである。イタリアだって歴史をさかのぼると都市国家だったわけだし、地方ごとの「国意識」が強いのは当たり前なのかもしれない。

「僕は法廷弁護の仕事が多いから、今日みたいにけっこう裁判所に行くんだよね」アントニオが話すと、「僕のクライアントは、企業が多い」とクラウディオが応じる。「法廷の仕事は少ない。特に刑事弁護は大変なんだよね。いろいろな壁に当たるわりに、実入りは少ない」

「それは、日本も同じ。刑事弁護はそれだけではなかなか生計を立てられないから、担当する弁護士は苦労している」と私も話した。「最近は日本でも裁判員裁判が始まったこともあって、刑事事件をがっつりやる人も増えてきているけど」

「なるほどね。イタリアもそうだ、やっぱりそこには断絶があるんだ」アントニオも言った。「違う世界のことになっちゃっているのかもしれない……」

その断絶が可視化されているのが、法廷の一角にあるあの透明な箱だと私は思った。あれは、「被疑者・被告人の世界」と、「それ以外の人の世界」との隔たりの象徴のようにも見える。

彼らが裁判所の法廷の、透明な箱の中から出るのと同時に、私たちは裁判所から出て、香水をつけなおし、車を出して山をのぼった。守られた貴族風の邸宅の庭園で、身体をソファに安心してあずけ、ヴェネト州産のスパークリングワインを片手に町を見下ろした。するといつの間にか、裁判所のあの箱は、見えなくなった。そして私という観光客はそれを過程も含めてまるごと、まるで人ごとのように眺めていた。

映画博物館でソファに寝転び、おしゃれレストランでお任せコースに舌鼓を打ち、新しい出会いに乾杯する。そのテンションと、裁判所へ行くテンションは相似形だ。法廷の中でスケッチをして、聞き取れぬ言葉に耳をすまし、「裁判」というある種の伝統芸能を、異国人として、ちびた鉛筆をなめなめ記録する自分に乾杯。

裁判の公正さを確保するための「公開裁判の原則」自体は神聖なものだとしても、傍聴にはときに、他人の人生がかかった手続を「あっちの世界」としてエンターテインメント化するいやらしさがつきまとう。

デザートのチーズとスフレが終わった。その後も私たちは、ショットのグラッパとリモンチェッロを飲みつづけていた。気づくと夜は深く、ショットは永遠につづくと思われた。イタリア人たちはめちゃくちゃ飲んだ。

宴(うたげ)が終わるころには、眼下の町並みは更新され、抽象的な光の集合体になっていた。その光の粒の1つが裁判所であるはずだ、などと感傷的なことを思ったが、トリノの町はただのっぺりと単一なのだった。

エンドレス・グラッパのショットを飲み干すと、私たちは山を下りた。そしてその夜の会話のかけらをひとつぶか、ふたつぶ残して、スコンと忘却した。そう、観光客らしく、無責任に。

トルコ共和国

イスタンブール

切り替わりを告げる町

「トルコは東洋と西洋の交差点」とはよく言われる。ユーラシアをヨーロッパとアジアに分かつボスポラス海峡をはさんで東西に広がるイスタンブールの町は、ヨーロッパ側にまたがっているだけあって、たしかに西洋風味と東洋・イスラム感の双方が見られる。20代で初めて訪れたときはエジプトを目指す旅の途中だった。この国の制度が100年前にイスラムの体制を脱却して世俗化したことなんか当然知らず、私は東欧のウクライナから黒海を渡るフェリーに乗り込んでいた。早朝にウクライナのオデーサを出港し、夜になってガラタ橋のたもとに停泊するフェリーだった。

黒海が狭まってボスポラス海峡へと溶け込んでいくのを見ていた。海峡に面した夜の町にはモスクの灯りが、ぼうっと浮かび上がっている。私はため息をもらした。長く旅をしていると、目にしている景色がすべて「画面の向こう」に見えて、自分がその中に含まれていると分からなくなる瞬間がある。けれどそんなときほど、反作用なのか、「非日常」を日常にしてしまった頭を、ガツンと殴ってくる場所に出会う。「ここは違う場所であり、新しい場所であるのだ」と突然、町が総出で語りかけてくるような場所に。

その「語りかけ」は、モスクの出現であったり、急にぬるくなって湿気を含む風であったりした。輝きを増す町の灯りであったり、雑踏に聞こえる怒号のアクセントの変化であったりした。さらには黒くなった夜空の色であったり、道行く人の服装であったり、街路で出会うごはんからヤギや羊のにおいがすることだったりした。「切り替わりのポイント」を、イスタンブールはたくさん、持っていた。

木曜日という日常を歩く

さて時間は流れ、今回は2度目のトルコ。フランスに向かう旅の途中に飛行機で降り立った。その朝は冬の始まり、イスタンブールの町はキリッと肌寒かった。夜行便で到着した私は朝、タクシム(Taksim)広場へ行くバスに乗った。バスの車窓から見るイスタンブールは、なんだかきれいで安全そうな印象だ。

バスを降りる。町の人に道をたずねながら、地下鉄、メトロバスと乗り継ぐ。街路に降り立つと朝の風がまだ、ひやりと冷たい。モスクの前を通勤する人々が通り過ぎていく。

この町に冬が訪れていると、どれほどの人が感じているのだろう? イスタンブールに住む人たちは平然と、木曜日という日常を歩いていた。いったい私は東京で通勤しているときに、木曜日という日常をどう捉えて歩いていたのだろうかなどと、昔を思う。

路肩のパン売りからパンをひとつかみ買い、通勤の人たちはすたすた歩いていた。私もその中に交じって歩く。青空にはぐいぐいと詰め込まれた綿雲。道端にはゆうべの雨の跡とおぼしき水たまりが見える。朝の光の中のイスタンブールは美しかった。もしここに暮らしていたら、私もああして彼らの一部となって、毎日をルーティンとして歩けるのだと錯覚させるほどに。

この道沿いにコーヒースタンドがあった。立ち寄って、淹れたてのコーヒーを紙コップに注いでもらう。冷えた身体に熱いコーヒーがしみる。隣の売店を覗いたらパンがぶら下げてあったので、1つ丸いパンを買ってムシャムシャとほおばる。買い食い歩行は

12月、木曜日、朝9時のモスク前。

通行人のまねっこである。自分も当たり前のようにこの町の風景の中に溶け込んでいるようで、わくわくする。

裁判所をグーグルで調べると「Adalet Sarayı」とあった。「正義の宮殿、ジャスティス・パレス」という意味らしい。フランス語でもそういう言い方をする。スタンドで同じようにコーヒーを飲んでいた通行人に「『Adalet Sarayı』はどこですか?」と聞くと、「すぐそこだよ」との答え。

果たして裁判所はすぐに見つかった。駅の出口に近い歩道橋を上ると、目の前にドーンと円形の大きな建物があり、それが裁判所だった。「まるでコロッセオ？」私はつぶやいたが、そんなつぶやきは朝のざわめきの中に消えた。予想よりもはるかに大きく、はるかにきれいで、何やら格調高い建物であった。

「傍聴したいのですが」

回転ドアの向こうには荷物検査場があり、キラリと金属的な光を放っていた。検査場を抜けるとピカピカに磨かれた大きな玄関ホール。受付は丸いカウンター。大きく、近代的で、明るい吹き抜けを、エスカレーターが上っていく。思ったよりもずっとゴージャスだ。イスタンブールの裁判所は、きっとブルーモスクのように古めかしく重厚で、暗く、カビのにおいがするところだろう、歴史的で文化的な建造物のはずだ、何ならじゅうたんも敷かれていたりして、などという私の期待は、みごとに裏切られた。

受付の人に「傍聴したいのですが」と聞いてみることにした。すると、その場でたい回しの議論が始まった。お題は、「このガイジンは法廷に入れるのか」。

そこからが長かった。どこからか正体不明のお姉さんがやってきて、何者なのかと聞く。「私は日本の弁護士で、各国の裁判を傍聴するのが趣味なのだ」とおおむね正直に答えた。お姉さんは「ちょっと待っててね」と言ってどこかへ誰かを呼びに行った。

歩道橋から見た「正義の宮殿」。

次に、正体不明のおじさんがやってきた。彼は「君、何しに来たの？」と聞いた。私はまた同じように答える。おじさんもまた「ちょっと待っててくれ」と言って、今度はセキュリティのお兄さんを呼んでくる。

セキュリティのお兄さんがやってきた。ふたたび同じ質問があり、同じように答える。が、今回は英語があまり通じないようであった。私はトルコ語を話せない。問答は一往復で打ち止めとなった。進まない事態にジリジリとしてくる。

気づくと4人に囲まれていた。「ここは無理かもしれない」という気持ちが頭をよぎる。適当なところで退散して、モスクでも見に行こう、町に出てトルコらしいごはんを食べよう。そう思い始めていた。

理屈をこねる

そこに「私、ジャーナリスト」と名乗る女性が現れた。彼女は私を取り囲む4人に声をかけて事情を聞く。私に興味を持ったようだった。「珍しいですね。日本の弁護士さんなの？」「そうです」「あなたが弁護士だと証明できるＩＤを見せてほしいんですけど」彼女は言った。弁護士のＩＤなど持ち歩いているわけがない。

「いまはプライベートの旅行中なので、そのようなものは持ち歩いていません。パスポートならありますが」

「パスポートねえ……」

「そもそも裁判は一般市民にも公開されているのではないのですか？　日本では公開の原則が憲法で定められているけど、トルコでは違うの？」

「あ、いや、はい、一応公開なんだけど、あなたが弁護士のＩＤを持っていたら、事務局に交渉がしやすくなるかと思って……」

私を入れてくれる方向性で考えていることが分かったので、もう少し粘ることにした。

受付から2体の女神像を見上げる。

「説明します。私は世界中——すでに20カ国以上——で裁判傍聴をしているのですが、トルコの裁判事情にも興味があり、このイスタンブールの立派な裁判所でもぜひ傍聴したいと思ってやってきました」

私は話を盛った。

「ううむ……ジャーナリストとして、私も見てほしいという気持ちはある。でも、裁判はトルコ語よ？　あなたトルコ語は分かるの？」

「正直分からないです」

「じゃあ、何を聞きたいの？　裁判を傍聴しても意味がなくないかしら？」

「ノー、ミセス。そもそも、裁判所の違いを見るということは、裁判の内容を検討するということだけではないと思うのです。司法制度の違いが施設や環境、そしてそこに来る法曹にどうあらわれているか、それは実際に裁判所に足を運ばないと見えないものでもあります。これは私が20カ国以上の裁判所を見て理解したことです」

「それはそうかもしれないけど……」

「私は日本人として、トルコに対して興味を持っています。トルコという国も日本に対して興味を持っていると聞きます」

私は調子に乗って、いよいよ演説口調になり、話を一般化し始めた。

「たしかに、私たちは自分たちの国を親日的だと思っています」

ジャーナリストは答える。

「日本もまた、サムライ時代から近代になって法律の仕組みを整えるとき、ヨーロッパの仕組みを参考にしつつも、日本の独自性をどう残すかに苦慮しました。トルコもそうだと聞いています」

私はなんとなくの聞きかじり知識を披露した。

「裁判の内容が分からなくても、トルコの裁判所を見ることは翻って日本の制度を考えることにもなります。物理的に『トルコの裁判所』がどういう構造かを見るだけでも……」

そのあたりでジャーナリストはうなずいた。彼女は、

「ちょっと待ってね」

と言うと、また別のセキュリティの人を呼んできて、何やら話し始めた。いまや6人のトルコ人に囲まれた私はダメ押しのために、

「じつはイスタンブールに滞在できるのは今日までなのです。この裁判所に来られるのも今日が最後のチャンスなのです」

などと言っていた。ここまで来たからには見たいという気持ちが強くなっていた。そうこうしているうちに、ジャーナリストと言葉を交わしていた2人目のセキュリティの若い男性が、「オッケー、オッケー」と少し面倒くさそうに言って私を手招きした。

「このガードマンがあなたに付き添うので、彼について回る範囲なら大丈夫ということになりました。グッドラック！」

とジャーナリストの女性が言った。

何が決め手だったかは、いまもって分からないが、私の演説が効いたのだと思いたい。

案内役はガードマン

ガードマンは「僕はグルーシェ」と自己紹介して、玄関ホールの奥へ私を先導した。面倒くさそうにはしていたが、いい人そうだった。1階の廊下をグルーシェ氏について歩く。廊下はちょっと雑多なショッピングモールのようだった。彼も多少説明してくれようとしたようで、廊下沿いにあるインスタントコーヒーのスタンドを指さして「カフェ」と言い、本屋を指さして「ブックね」と教えてくれた。本屋は明るい空間の中でそこだけ薄暗くて、書棚には色とりどりの背表紙がびっしりと並んでいた。本を物色しているお客さんが物珍しそうに私の方を見た。私はそのときなんとはなしに「トルコだもんな」と思った。

地味で、重厚な法律書が整然と並んでいるのもいいが、カラフルな本が雑多に押し込まれているのも、多様な感じがしていい、と思った。

本をちらほら見て写真を撮っていると、グルーシェ氏に「早くしろ、行くぞ」とせかされた。乗り込んだエレベーターはシースルーで、1階のフロアがぐんぐん遠ざかる。私がそれを見て「おお」と言っているのにグルーシェ氏はドヤ顔で応える。エレベータ

おじさんと目が合う。

エレベーターはシースルーなので外の様子が撮れる。

ーは裁判所の中心部を上へ上へと進んでいった。

裁判官ごとになぜか法服の色が違う

案内してくれた法廷は、刑事法廷のようだった。その部屋には、「第17法廷（17 Agir Ceza Mahkemesi Durusma Salonu）」と書いてあった。ほかに、「裁判所の敷地（Adalet Mülkün Temelidir）」と記されているのも見えた。

そういえば私はジャーナリストに、「どのみち言語が分からないので、分かりやすそうな刑事事件が見たい」とリクエストをしていたのだった。

特筆すべきことは、法廷にテレビが2台あったこと。

1台は裁判官たちの座る法壇の後ろにあり、1台は証言台にあった。テレビには男性が映っていて、裁判官たちと話している。裁判官は3人。裁判長が白髪のおじいさん、右陪席（裁判長の右手側に座るナンバー2）が眼鏡の女性、左陪席が頭をそり上げた眼鏡の男性というフォーメーションだった。眼鏡率が高い。法服の襟は朱色に近いえんじ色で立て襟、2本の金色の刺繍で縁取られていて、近世の軍服のような雰囲気を漂わせるものだった。袖口の色は、裁判長は朱色だったが、右陪席はモスグリーンだ。後で分かったことだが、刑事裁判官の法服は赤い襟、民事裁判官は緑の襟、行政裁判官は明褐色の襟らしい。ここはやはり刑事法廷だったということだ。しかしなぜ裁判官ごとに袖口の色が違うのか。謎は残った。

傍聴人は数人、ぱらぱらという程度だった。スケッチを終えるやいなや、じっと覗き込んでいたグルーシェ氏が「もういいだろう」という顔で、席を立つように促した。

ガードマン氏は撮影もする。

「えー、誰にも何の解説も頼めていないままなのに」という気持ちだったが、仕方ないのでしぶしぶ出ると、氏は隣の「第16法廷」に入れてくれた。ここは第17法廷よりも狭く、傍聴人もいなかった。裁判官3人の顔くらいは描いてやろうと意気込んでメモを取り始めたが、描いた顔が下手だったためだろうか、氏はすぐに私を追い立てた。

まだまったく見足りなかったが、玄関ホールでのはじめのゴタゴタを思うと入れただけでもラッキーだった。ガードマン氏もガイジンの法廷案内を案外楽しんでいる風に見えた。そのまま私はエレベーターに乗せられ、玄関ホールまで連れていかれた。

「ありがとう」と言うと、氏は手にカメラを持つふりをして、「撮ってやろうか？」というそぶりをする。「おお、やさしい」私が入った写真である必要はないけれど、せっかくの親切に甘えてお願いすることにした。ついでにどでかいホールの写真も撮った。ホールには絵画が飾られていた。そこだけ近代美術館的な雰囲気だ。正義の女神像は、2体あった。

法の十字路

オスマン帝国時代、トルコには通常の裁判所とイスラム法の裁判所が並立していた。つまり「国内に法律の判断をする系統が複数ある、法多元主義」の国だった。しかし、オスマン帝国が滅亡して近代化する際に、政府はイスラムの要素を法制度から排除し、ヨーロッパのローマ・ゲルマン系の法律を作って世俗化したらしい。その際に参考にしたのはスイス法（と少しのフランス法）だったという。それが１９２０年代のこと。近代帝国主義時代に西洋と一線を画し独自化を模索していた国トルコにおいて日本の明治初期と比較される時代だ。トルコで１９２０年代にヨーロッパ法を受け入れたことは、当初は失敗とされた（家族法、特に婚姻の方式が）と報告する１９９９年の論文も見かけた。２０００年代に入ると、トルコは従来のスイス法からの脱却を図り、いよいよ独自路線を歩み始めることになる。２０１９年には、エルドアン大統領のもとで「法制度改革」を宣言した。

さて、裁判所を出た私は、屋台で搾っているオレンジジュースを買い歩道橋を上った。綿雲は天高く吸い込まれて、空が青い。歩道橋はメトロバスの駅につづいていた。専用の路線の上を走るメトロバスは、モノレールに近いイメージ。

まわりの人に聞きながら切符を買う。メトロバスを待つあいだにオレンジジュースをひとくち飲み、また旅に戻る。「生搾りオレンジはいかにも中東らしい」と、これまでの中東旅行の記憶を開く。オレンジが豊富にあり、酒を飲まず、乾燥していて水分補給が必要な中東のシリアやヨルダンでは、町のいたるところに果物ジュースの屋台があり、オレンジが積まれて橙色が鮮やかだった。それが私の記憶に張り付いていた。

裁判所前の歩道橋を下りると、そこはメトロバスの停留所。

でも、じつはオレンジはイタリアの市場でも、スリランカの屋台でも、タンザニアの海沿いでも、ニュージーランドのスーパーでも、日本の駅のキオスクでも生搾りされているのだった（旅の情緒とはいったい何か）。

埃の中にまあまあ近代的なメトロバスが走っているのが見えた。

『中東法入門』の著者、レバノン出身のチブリ・マラーという比較法学者がいる。この学者が研究する分野は「『西』と『東』の法制度比較」。そこでの「東」は中東イスラム圏をさし、「西」は西欧であった。どこまで行っても起点となるのは自分たちの地域である。

「中東の民法典は、西欧とイスラム法の

調整に四苦八苦している。裁判所は裁判所で、西欧の基準と1000年のイスラムの伝統を調整しないまま、西欧の制度を守ろうとしている。中東における『法の支配』は失敗だ。——その例外は、1つ。オスマン帝国の『メジェッレ（Mecelle）』という、イスラム法を基盤に成文化した民法典だけだ」と、マラー氏。

トルコは東と西の交差点だと言われるが、世界中どこだって、東と西の交差点である。その中でトルコが依然として「交差点」性を色濃く持つのは、「東も西も取り込んだハイブリッドな場所」ゆえなのだろうとも思う。

「しかし」私はぐりぐり、記憶をたどる。

「それなら日本だって、東と西を取り込んだハイブリッドな場所と言われることもあるし」

いったい、どこまでハイブリッドであれば交差点と名乗れるのだろうか。東と西、南と北というような「方角で示される文化圏の、対置や融合」というものはこの時代にナンセンスか？……などと思いつつ、その概念から離れられないのは、ここがアジアとヨーロッパを橋でつなぐイスタンブールだからだろうか。

今回の渡航で私は、「橋」を渡ることなく、町を後にした。黒海フェリーの着岸したガラタ橋のさらに向こうにある「7月15日殉教者の橋」も、オスマン帝国のスルタンの名を冠した「ファーティフ・スルタン・メフメト橋」も、渡ることなく。

橋の欄干に日がな一日、もたれかかって釣り糸を垂れるおじさんたちや、海峡に漂う小舟、レモンをキュッと搾ってほおばる鯖のサンドイッチ、観光客をカモにしようとする客引き……。

ヨーロッパとアジアのはざまの海峡には、多くの楽しみがあるということも知っていた。だが時間がなかった。

これから私はこうしてどんどん旅行をカットしていってしまうのだろうか、と思うとさみしい気もした。

ブルガリア共和国

ソフィア

光差すコートハウス

赤い石畳の目抜き通りをまっすぐに歩いていくと、白い石造りの建物にぶつかる。秋の始まり、歩行者天国。空は高く、日はさんさんと照っている。脱いだコートを腕にかけて行きかう人々。手をつなぐ2人組もいれば、大きなショッピングバッグを持つ女性、植え込みに腰かける老人もいる。人の流れはキラキラ、ヴィトーシャ通りはウキウキと息づいている。

行き止まりの建物の前に、2頭のライオンが鎮座している。ライオンの前では腕時計を気にして女性がキョロキョロとあたりを見回していた。呼び声を上げて抱き合う若い2人もいる。「ここはソフィアっ子の待ち合わせ場所なの」と、私の隣を歩くスヴェトラが笑う。

日中、ヴィトーシャ通りを歩くのは楽しい。

ライオン前ではいつも人々が待ち合わせをしている。

その優美な建物が、「ソフィア・コートハウス」。1929年に着工し、1940年に竣工した、ブルガリアの首都ソフィアの裁判所庁舎だ。

ソフィア・コートハウスを歩く

ブルガリアには、年上の弁護士の友人スヴェトラに会いに来た。彼女とは、私がロースクールの学生だったときにイギリスの法律学会で出会った。私が弁護士になるまでも、弁護士をやめるまでも見守ってくれた友人だった。

到着した次の日の朝、スヴェトラは私を部屋に迎えに来ると、いたずらっぽくほほ笑み、「僭越ながら、今日あなたのガイドを務めさせていただきます、スヴェトラです」と名乗った。「今日はガッツガッツ観光しましょう、ソフィアのベタな観光地に行きましょう、それから裁判所にも行きましょう。あなたと一緒に町を歩くのが本当に楽しみだったのよ」日差しがキラキラと部屋の中に降り注いでいた。

長旅ばかりしてすっかり旅慣れしてしまった私ですら、スヴェトラのワクワク感に影響されて、窓の外の秋晴れをまぶしく、いとおしく、楽しく思った。スヴェトラと腕を組んでウキウキ目抜き通りを歩き、裁判所に向かうと、通りの向こうからスーツを着た

ステンドグラスのライオンは舌を出しているのか、火をふいているのか。

マダムが1人歩いてきて、「あら、スヴェトラ」と言って頬にキスをした。なんだか私も楽しくなってきた。

裁判所の中に入ると、弁護士が、書記官が、事務官が何人もやってきて、「こんにちは、スヴェトラ」と言い、その頬にキスをする。私たちは法廷の中に少し足を踏み入れ、座らないまますぐに出て、裁判所の中をパトロール隊のように練り歩いた。最上階の壁にはめ込まれたステンドグラスは日に透けて、赤や緑を背景にくっきりとライオンが縁取られていた。そこには、古い建物特有の、くすんだ時間のにおいが漂っていた。

1929年から建築が始まり、第二次世界大戦中の1940年に竣工したこの建物は、ブルガリアで最初の「記念碑的な建造物」と言われる。礎石は閃長岩、窓やドアの飾りはローマやビザンツ帝国からの流れをくむこの建物にならって、1930年代には国立銀行が建設され、1950年代には社会主義的建築のはしりである「ラルゴ」が建てられたらしい。

ヨーグルトのイメージが強いブルガリアだが、じつは古い国である。この界隈にあったとされる「トラキア」は、「4000年前の文明か」と考古学者の間で議論されているという話もある。歴史の中では、ビザンツ帝国やオスマン帝国による支配の切れ目に、ここにはブルガリア帝国があった。19世紀後半、露土戦争後に自治公国として独立したブルガリアは、20世紀になると1944年にソ連の侵攻を受けて衛星国となり、つい最近の1989年まで共産主義体制だった。……そんなブルガリアの歴史に比べたら、この建物はまだ若い。

日本に目を向けると、東京地方裁判所は1983年に竣工した近代風のビル。それに対して、いまの法務省の赤レンガ棟は1895年に司法省として竣工したものだ(ただし戦争で焼けたため、いまの建物は復原後のもの)。1895年と言えば明治28年、竣工は12月とあるから日清戦争の終わった後ということになる。

「古くて、なかなかきれいな建物でしょう?」と、ソフィア・コートハウスを回りなが

1階の吹き抜けホールは歴史民俗博物館のようである。

階段も、踊り場も、装飾が凝っている。

ら、スヴェトラがツアーガイド風に言った。その言葉が、「古いけど、きれい」ではないことが、すてきだなと私は思った。「歴史」は、その町の構成物にしみ入っていく。そして私たちは、そんな長い時間を吸収した建物や道路の上に、新しい歴史を振りまいて、歩いていく。

夕暮れの「光」

裁判所の建物を出ると、ソフィア観光が始まった。目抜き通りを過ぎ、いかめしい造りの国立銀行に入る。「私が弁護士になったばかりのころに働いていた銀行なのよ」とスヴェトラが言ったそばから、彼女の当時の同僚が出てきて、頬にキスをした。

「どこを歩いても知り合いがいるね」私が言うと、

「まあね、ソフィア生まれのソフィア育ちですから」スヴェトラはウインクして答える。彼女の物腰を見て、私は東京に対してこんなにも素直になれるであろうかと考える。逆に、スヴェトラはスヴェトラでソフィアに対して斜に構えた時期はなかったのだろうか、とも考える。

少し歩くと灰色のドーム屋根の建物に突き当たった。壁の黄色いその建物前の噴水で、子供たちが遊んでいた。教会かと思いパシャパシャと写真を撮っていると「ここは公衆温泉浴場跡よ」と傍らのスヴェトラが笑って解説した。

考古学博物館を見て、大統領官邸を見て、聖ゲオルギ教会のがれきになった遺跡を見た。イヴァン・ヴァゾフ国立劇場に立ち寄った後、スヴェトラは腕をからませて、近くの洒落たオープンテラスのレストランに私を連れていった。屋外に座り、ブルガリアビールのザゴルカ（Zagorka）を注文する。黒光りする石のオブジェが並ぶレストランを見回しながら、「おしゃれだね」と言うとスヴェトラは嬉しそうに笑った。「私の夫が設計にかかわっていたの」

ごはんを食べているうちに風が出てきたので、私たちは食後のコーヒーを飲み干して席を立った。しばらく歩くと、バルカン半島最大の正教会アレクサンドル・ネフスキー大聖堂があった。黄金のドームに午後の太陽が反射してまぶしい。傍らには高さ50メートル以上の鐘楼。「あの鐘楼では、80歳のおばあさんが働いているの。彼女は毎日鐘楼に上って鐘をつくのよ」

次に行ったのは「七聖人教会」というような名前の教会で、ソフィア生まれのスヴェトラが洗礼を受けたところだという。先ほどの教会に比べてひとまわり小さいこの教会はしかし、中に入ると、がらんとして大きく見えた。

ささやき声が天井まで響いてしまいそうなくらい、静かだった。スヴェトラは祭壇の前で3度十字を切り、目を閉じ、祈り、そして私の手を引いて外に出た。すると主教のおじいさんが2人やってきてスヴェトラの頬にキスをしてくれた。「この教会は私のクライアントなの」スヴェトラはウインクした。教会の顧問弁護士なんて肩書、なんだかかっこいい、と私は言った。

夕暮れの光が教会の壁にキラキラと反射する。たくさんの観光地がソフィアっ子のスヴェトラとつながっている。裁判所も大聖堂もレストランも同じように誰かが苦労して作って、同じように人々が歴史を振りまいていくという事実が、明滅していた。そのアイデアをつつんだきらめきは、夕空に立ち上ると、雲のどこか向こうへと吸い込まれていく。

私は裁判傍聴に対して、特別な意味を持たせなくともよいのかもしれないと、ふと思った。その示唆は、ちょっと、光のようだった。観光客である後ろめたさも、裁判傍聴をする後ろめたさも、ともにつつんでくれる光のようだった。

「スヴェトラ」という言葉は、ブルガリア語で「光」を意味しているらしい。

3章

BRICS

- ブラジル連邦共和国
- ロシア連邦
- インド共和国
- 中華人民共和国
- 南アフリカ共和国

ブラジル連邦共和国

ブラジリア

フューチャータウンへ

ブラジルは広く、私は4カ月かけてさまざまな町を回った。首都ブラジリアは、乾いた荒野にたった3年で建設された、世界最大級の未来都市であった。ここに首都機能を移転するのに多大な費用がかかったために、その後「ブラジルの20年の経済不振を招いた」などと言われる。

建築家オスカー・ニーマイヤーが設計した奇抜な建築物は、この未来都市にとてつもないスケールで立ち並んでいる。団地群は飛行機の翼の形に配置され、両翼には高級官僚たちが住む。飛行機の胴体にあたる部分を、フューチャー感あふれるハイウェイがさっそうと貫いている。

しかしそんなブラジリアから一歩外に踏み出すと、まわりの衛星都市との所得格差が大きいという話もあった。ちょうどブラジルへ入る前、ボリビアの鉄道で映画『エリジウム』を見ていた私は、いわゆる「上級国民」しか住むことのできない場所「エリジウム」とブラジリア中心部のイメージを重ねながら、このフューチャータウンに向かったのだった。

ブラジリアの三権広場を歩く

たしかにそこは、たいそうきれいな町だった。夕暮れどき、飛行機の翼の一角にある現地の友人宅で荷物をほどくと、窓の外に連なる団地群に、さぁっと砂塵が舞うのが見えた(友人夫婦は2人とも公務員で、仕事でブラジリアに移住したブラジリア住民一世だった)。ぼんやり眺めていると、砂嵐の細かな粒子に夕日が乱反射し、窓枠の中が一面、セピア色に染まっていく。クローンのように等間隔に並ぶビルが照らし出されて、そこには世紀末的な美しさがあった。

翌朝、歩いて町に出ようとすると、友人夫婦に止められた。「この町の構造はシンプル。だけど目に見えている場所に歩いていこうとしても、遠くてきっとたどり着けないよ」

左の伏せたおわんが上院の議事堂。右の開いたおわんが下院の議事堂。空が青い。

何もない場所に作られた都市だから、空間をケチケチせずにふんだんに使っているらしく、距離感覚が狂うのだとか。まるで蜃気楼のようで、不気味である。貧乏旅行者ではあったものの、私もケチケチせずにタクシーを使うことにした。

隙のない町だった。すべてがあまりに徹底的に人工的に作られた町を歩いて、しかし私はなぜか、「安心した」。この飛行機形をした町から一歩外に出るだけで、砂にまみれた荒野が広がっているというのに、安心した。「不自然」な場所に安心するというのは不思議なことだったが、私は同じ気持ちを、カザフスタンの人工的な首都アスタナを歩いているときにも抱いた。きっと私は人工的なものに囲まれて、いままで生きてきたのだ。

ブラジリアには、首都機能を移転するにあたって立法・行政・司法の三権が移ってきていた。だだっ広い「三権広場」と呼ばれる広場に（というかこの町はどこだってだだっ広い）、国会議事堂（連邦議会）、大統領府、連邦最高裁判所が一堂に会している。そこでタクシーを降りた。

広場に入る前から、おわん形の国会議事堂が2つ並んでいるのが目につく。おわんを伏せた形で閉じているのが上院の議事堂。おわんを上向きに開いた形でそのまま置いているのが下院の議事堂だ。「上院は保守的な性格の議会なので閉じた形、下院は人々の声を聞いて新しいアイデアを出す議会なので上に開いた形」らしい。芸術と実用の関係に思いをはせ、分かりやすさとシンボルの関係にも思いをはせて、一応写真を撮る。

国会には1日に何度か無料ガイドツアーの時間があったが、次のガイドツアーまではまだ少し時間があった。私はしばらく三権広場をうろうろした後、いつしか吸い込まれるようにして連邦最高裁判所に入っていった。


中は静かだった。行きかう人も少ない。ここもガイドツアーがあるはずだが……と、うろうろしていると、事務局らしき場所からおじいさんが出てきて聞いた。「君、何してるの？」

「観光客なんですけど、中、見られますか？」

「うーん」おじいさんはあごひげを撫でて言った。

「今日は土曜日だからねぇ」

ガイドツアーはなさそうだったが、とりあえず粘ることにした。

「日本から来ているんです」

「うん、分かった。見せられるところだけ案内するよ」

おじいさんはにこりと笑って、さくっと折れてくれた。傍らにいたお姉さんに声をかけると、お姉さんが案内を代わった。

「さて、ここは連邦最高裁判所……」

お姉さんは案内を始める。

「あなた、建物の前の目隠し像は見てきたかしら？　あれが、公正な裁判のしるしです」

布で目隠しした正義の女神の像。「裁判所という場所で先入観を持たずに判断をする」ことを表すシンボル像だ。日本では目隠しの上に剣と天秤を持っているが、ここブラジリアではそんな像もデフォルメされて、つるんとした形の石の上部、頭らしき場所

正義の女神は、座っている。

レッドカーペットの廊下と、歴代裁判官たち。

シートは黄色、革張りで大きく座りやすそう。

に目隠しがかかっていた。

いわゆる「ガイド」らしい解説はそこで途切れた。代わりにお姉さんが手を広げて私を迎え入れた場所は、長い廊下だった。歴代の最高裁判所裁判官の顔が配されたタペストリーが、壁にずらりと貼られている。

廊下の突き当たりには、がらんとした大法廷があった。お姉さんについて中に入ると、そこには黄色い革張りの椅子が並んでいた。先の1段高いところに法壇と思われる場所がある。誰もいなくてシンとした法廷は、入口こそ薄暗かったが、中には午後の日差しがさんさんと降り注いでいた。お休みの法廷が、人影の代わりに外の光をたっぷり取り込んでリフレッシュしているようである。

「今日は土曜日だから、法廷はお休みなの」お姉さんは申し訳なさそうに言った。

「でも、あなたが興味を持ってくれるのなら」お姉さんはつづけた。「最高裁の裁判は、いつでも見ることができるわよ」

日本の最高裁判所の裁判すら見たことがなかった私は、思わず聞き返した。「いつでも見られるってどういうこと？」

「法廷はテレビ中継しているのよ。だから見ようと思えばいつでも見られるの」お姉さんは言い、両手を広げてみせた。「ここが映るんです。あなたの立っているその場所もね」

私は驚いた。日本では、中継どころかテレビの撮影は開廷前の2分間のみだった。裁判官が着席するのを待って、ずっしりと重たい沈黙の中、ジーとテレビカメラの回る音がする。それで、夕方あたりに放送されるニュースで、「東京地裁刑事第×法廷（裁判長なにがし）で行われた裁判で○○という判決が出た」というテロップとともに映るだけである。

私はテレビ中継を見てみたいと思った。

ジャスティスＴＶ

ところで話は変わるが、私にはナガイさんという口うるさいおばさんのような友人がいる。彼も弁護士なのだが、私がブラジルを旅しているのを知って、「僕もブラジルへ行きたい、というか行くわ」などと話していた。と思ったらすぐに彼はブラジルに仕事を見つけ、本当に赴任してきてしまった。

その「おばさん」ことナガイさんにブラジルの法廷のテレビ中継のことを聞いたところ、「テレビだけじゃないよ。ネットでも見られるよ」と、アドレスを教えてくれた。ブラジル最高裁判所の「ジャスティスＴＶ」というサイトを訪ねると、すぐに裁判所のライブ中継が出てきた。

「おお、これは……」私は感嘆の声をもらした。正真正銘、私が足を運んだ大法廷が映っていた。一日中、最高裁判所の裁判を流しているらしい。国会中継がテレビで延々と流れているのに雰囲気は近い。裁判のみならず、裁判官があれこれ議論する評議までも流しているのは、すごいことだった。日本では、裁判官たちは裁判官室にこもって議論をする。そこはもっとも固く閉じられた場所である。それがブラジルでは誰でも見られるようになっている。

「日本とはやり方が違うのだよ」驚く私に、ナガイさんが説明してくれた。「評議もすべて公開。もしお金をもらっている裁判官がいたら、評議で言っていることもおかしいから、はたから見て分かるようになっている」

裁判は公開が当たり前というスタンスなのだと言って、「裁判所のことはフォーラムと言うからね」と教えてくれた。フォーラムというのは古代ローマの時代から、「公開討論の場」を意味する。裁判所にはユーチューブチャンネルもあって、重大事件の裁判はこちらで流れているらしい。大統領の裁判も国民はインターネット越しに見守ることができるようだ（と、このときはオンラインで裁判ができる&見られることに驚いていたが、ほかにも見られる国はあるようだ。それにその後、COVID-19が流行するのに前後して、アフリカ各国でもオンライン裁判は取り入れられていく）。

ブラジルでは、大統領の裁判だけでなく、誰がどんな裁判をしているのかもインターネットで検索できるのだという。かたや日本では、注目の裁判は裁判所に並んで傍聴券の抽選を待つ。抽選の倍率は何百倍にもなることがあるから、注目の裁判を直接目にすることは少ない。結局、判決は結果だけ伝えられ、背景や文脈をそぎ落とした報道が出回る。

「ブラジルは、秩序と進歩を標語とする国なのね。だから、いきなりいろんなものが大きく変わってしまうことがある」ナガイさんは言う。「ブラジリアへの首都移転の話も象徴的だけど、裁判の『ジャスティスTV』も最高裁長官が大統領の職務を代行してるときにズバッと導入しちゃったらしいよ」

それは2002年のことだったという。

連邦警察のジャポネーズおじさん

ブラジルは裁判が多い国だという。一説には1億件の裁判があるとも言われている。民事裁判には当事者が原告と被告の2人必要だとすると、国民が2億人のこの国では、単純計算で1人1件裁判を経験しているということになる。

「国を相手にした裁判も多くて、一般市民もけっこう勝っている」とナガイさんは言った。

「司法へのアクセスはどんどん容易になっている。お金がない人は弁護士費用もかからないし、弁護士の数は100万人とも言われる」ちなみに日本の弁護士の数は約4・5万人(2023年)だ。

しかしその分、裁判官の負担は過重になる。

「1人で9000件の事件を受け持っていて、月に300件の判決を書いているなんていう裁判官もいる。昔は記録が廊下まで積んであって重みで裁判所が傾きかけていたとか。まあだから、電子化はよかったよね」ふたたびナガイさん。

2014年になって、裁判の記録は全面的に電子化された。これも一気に変わったのだという。それを聞いて、日本の裁判について思いをはせる。日本では裁判官が1人で9000件の事件を受け持っていたりはしない。しかし日本の裁判の紙証拠偏重主義はおそるべきものである。刑事裁判では、弁護人側が検察官の手元にしかない証拠をコピーしないといけない。コピーに1枚40円かかる地域もある。原則は被告人の自己負担で、コピー代に600万円を支払った事件もあるという。一部の事件では国がコピー代を補助するが、これは税金で賄われる。こうした現状を問題視して、2020年に弁護士たちが、証拠のデジタル化を求める取り組みを始めたが、取り入れられるまでにどれほどかかるのか。

ナガイさんは私に、「連邦警察のジャポネーズというおじさんの話」をしてくれた。

「このおじさんは日系ブラジル人の有名な警察官で、2015年ごろから汚職した高官たちをバッタバッタ摘発しまくって人気者になって、『正義の味方』扱いをされていたのね。だけど、そのおじさん自身が、密輸に関与して捕まって、だいぶ前から自分も裁判にかけられていた」ナガイさんは話をつづける。「つまりこの人、有罪になるまで、自分の裁判しながら、次々政治家を連行してヒーローになったの」

ジャポネーズのおじさんの裁判が始まったのは2003年。ジャスティスTVのスタートと同時期だ。彼の有罪は2016年になってやっと確定したらしい。しかしさすがはジャポネーズ。「収監後も刑務作業としてそのまま警察で働いて刑期を半分にして出てきた」という。いまは警察はやめているようだが、伝記も出版されているのだとか。

ジャポネーズのニュースを掘り下げると、「カーニバルでは彼のお面がバカ売れし、サンバ行進曲まで作られ、ラジオのコンテストでその曲が優勝するという快挙まで成し遂げた。いわば、国民にとっての『汚職撲滅のシンボル』が連邦警察のジャポネーズだった」と出てきた。

ニュースはつづく。「リオデジャネイロ州サンゴンサーロ市のコンダルお面工場では、ジャポネーズのお面はサルネイ元大統領、クーニャ下院議長、モーロ判事らのお面を差し置いてその年最高の大ヒットを記録し、2万5000個も売れた」

私がなるほどと思ったのは、裁判所が1つのコンテンツを生んでいるということであった。

「裁判所っていうのは、きっと怖くて、一生行きたくないところナンバー2で、堅苦しくて無機質な裁判ニュースの源泉でしかない」——古今東西、裁判所に対するイメージはそんなところだろうと私は思っていた。しかし、それもきっと1つのステレオタイプだった。

ブラジルでは、裁判所はもっと身近だった。そしてそれは、「みんなが見ているから」であった。

裁判所には、地つづき感も断絶感もある。「正義の味方」も「汚職高官」もいて、そこに強烈なオリジナリティがある。いや、ブラジルの裁判所のオリジナリティは、地つづき感がエンターテインメントを生む土壌になっているという事実そのものかもしれない。

私は連邦最高裁判所の前に、目隠しして座っていた石の正義の女神像を思い出した。

ロシア連邦

サンクトペテルブルク

初夏のロシアに誘われて

白夜の近い初夏のサンクトペテルブルクに、夜の帳（とばり）が下りるのは遅い。太陽の光に満たされた街路は、時計の針が午前0時を回るころ、やっと薄暗くなっていった。つかの間訪れるその時間は、夜に似て夜ではない。群青色の、暮れ切らない夜空に、ところどころ銀色の雲が浮かぶ。たっぷりした川幅に宮殿橋が架けられ、川面はまだ、青白く光っている。深夜1時になるとネヴァ川の跳ね橋が上がるらしい。数時間で過ぎ去る短い暗闇を、船で行く。沿岸には、エルミタージュ美術館やペトロパブロフスク要塞、繋留されている巡洋艦オーロラの光。

下船時、空には白雲がびっしりと張りめぐらされ、一面蜘蛛の糸でできた海に見えた。雲海、と思って時計を見るとまだ2時半である。「朝が来たのだ」という声がどこからかした。幻の夜は消えさった。「サンクトペテルブルクに、短い夜は食べられてしまった」

「光り物の洪水」を歩く

「夢夢しい町だよ」と聞かされていた。サンクトペテルブルクはたしかに、ちょっと油っこいほどにキラキラと甘く、曲線的で絢爛な町だった。でも、それを言うならロシアの観光地は煌びやかなところが多い。モスクワのクレムリンの宝物庫には、ダイヤモンドに交じってエメラルドやアメジスト、サファイアといった色彩豊かな宝石が多くあった。強い輝きとともに、赤や緑、黄色といった色をしっとりとまとっていて、友人の言葉を借りるとそれは「光り物の洪水」であった。ロシア正教会もまた、赤銅色の胴体に、赤、青、緑、金色の玉ねぎ形のドームを載せ、そこだけファンタジーのにおいを漂わせている。配色のせいかもしれない。

私はモスクワで弁護士の友人と合流したのちに列車に乗り込み、北欧に近いカレリア地方へ行った。そこからさらに深夜特急でサンクトペテルブルクまで移動した。深夜の2時、車窓はうっすらと明るい水色に染まって、「白夜だ、白夜だ」と列車の中ではし

つかの間の夜を彩る光。

玉ねぎ形ドームの大聖堂は、ほとんどテーマパーク。

ゃぎながら、私たちは水のようにクリアなウォッカをしこたま飲んだ。トイレから戻ると私たちの寝台客室だけ異様に酒くさく、一気に現実に引き戻された。

サンクトペテルブルクでは、強い日差しといまだ冷たい風が併存する町並みを、楽しそうに散歩する人たちが多くいた。おそらく私たちと同じように酒を楽しみすぎてふわふわと歩く人たちも多数。日本の春のお花見どきをほうふつとさせる。浮かれた雰囲気の町を歩くのは気持ちいい。

日差しは街路を真っ白に塗りつぶしている。サンクトペテルブルクはまぶしい町だった。水辺に行くと水着で寝転ぶ現地の人たちもいた。うさぎ島と呼ばれる人工の島には、ヌーディストビーチもあるらしい。けれど風はまだ冷たく、それまで暑い国にばかりいた私は、ウルトラライトダウンをぴちりと着こんでいた。

散歩の途中、ぐるりと町の中心部を歩いていると、地図に裁判所と記された場所があった。広場の向こうにクリーム色の建物が見える。柱に彫り物のある西洋風の建物で、きれいにメンテナンスされている。「憲法裁判所」とあった。私は今回の旅に期待していなかった「裏観光地」を突然拾ったかのような気持ちになった。

中に入っていく人影はなかったが、すでに「ちょっと得をした」と思っている私はひとまずガードマンの男性に話しかけることにした。

壁面はスベスベのクリーム色。ガードマンは1人。

「ズローストヴィッツェ（こんにちは）」と挨拶をして、スマホの翻訳機能で「裁判所の中に入れます？」とロシア語で表示させる。ガードマンは英語を話さなかったものの、何かを私に聞くしぐさをした。「リスト、リスト」と言っている。

「リスト？」私も聞くが、ガードマンはロシア語で何かをつぶやくばかり。

彼が「うーん」と考えているあいだに、スーツの男性が通りかかった。ガードマンが男性に話しかけ、私を見ながら何か丁寧に説明している。ところでロシアで道をたずねると現地の人たちは、かなりの確率で最後まで案内してくれた。モスクワの地下鉄では、手を引いてホームまで連れていってくれたお姉さんもいた。一見話しかけづらいが、やさしくて面倒見のいい人が多いというのが、私のロシア旅2週間での印象であった。

このときも、ガードマンから事情を聞いた男性が、身振り手振りを交じえて英語で説明してくれた。

「憲法裁判所の中には、リストに登録していないと入れないんですよ」

なるほど、それでリストと言ったのか。リストへの登録はどうやってしたらいいですか……と聞きかけて、口をつぐんだ。私は夜の便でサンクトペテルブルクを出る。深夜を回るまで明るいこの町の夜を、どう過ごすかはまだ決めていなかったが、きっと当日中に「リスト登録」をしてもらうのは難しいだろう。

「観光客ですか？」法律家らしきスーツの男性が私に聞いた。

「そうです」

「そうしたら何よりも、夏のサンクトペテルブルクを満喫してください。いまはとてもいい時期なんですから」彼はほほ笑むと、きびすを返して「憲法裁判所」の中に入っていった。「それではミス、この明るい午後の散歩を、楽しんで」という言葉を残して。

「ダスビダーニャ（さよなら）」ガードマンも私に目配せをした。早く夏の町に出て楽しんでおいでという後押しのようにも思えた。夏のあいだだけ、つかの間の青空。この光をたっぷりと浴びないといけない、暗い建物の中に入っている暇なんてないとでも言うように。

川向こうに夏の空が明るい。

余談だが、「ロシアの民事訴訟では弁護士資格がなくても代理できるのだ」と、深夜特急でウォッカの酒盛りをした弁護士の友人が言っていた。一般人が原告を代理して、辞任したと思ったら被告側の席に座っていたとかいうこともあるらしい。弁護士たちにもきっと、暗い建物を出て明るい午後を楽しみたい夏はあるのだろう。

明るい午後、毛皮を脱ぎ捨てた町

私はなんだかせかされるように町を歩き始めた。船の上のカフェバーに腰を落ち着けて、「毛皮のコートの下のニシン」というこれまた甘美な名前のつけられたつまみを頼み、ビールと一緒に口にしながら、暮れどきを知らない西日を眺めた。ケーキの形をしたこのおしゃれな名前のつまみは、鮭やニシンの塩漬けの上に、ニンジンのラペ、ポテトサラダ、ビーツや玉ねぎのマリネなど色とりどりの層が載っていて、クリームチーズで塗り固められている。きれいだし、ビールともウォッカとも合うからよく頼んでいた。フォークで崩して色を混ぜて食べる。

ケーキにしか見えない「毛皮のコートの下のニシン」。

船の上、隣の席では、男女のカップルが逆光の中、黒いシルエットになっていた。ゆらゆら、キラキラ、ガラスをまき散らしたようなきらめきの水面に、跳ね橋はまだ下りている。南の島でなくても、「ひねもすのたり」はできるのだ。ちょっと酔ってしまうほどに。

風はきりりと冷たく、空はまだまだ青かった。午後の太陽にじん

ロマンチックなカップルを激写。

じん焼かれ、ひんやりとした風に吹かれながら、午後のまどろみを夢見る。まどろみの中で、「憲法裁判所」のクリーム色の外壁が、夢ごこちに遠のいていく。
「夏のサンクトペテルブルクを満喫してください」……。うんうん、私は船の上のカフェバーで、誰もいないのにうなずいた。うんうん。こうして、すでに毛皮を脱ぎ捨てたこの町で、夏のあいだに太陽の光をたくさん吸収して、夜を恋しく思おう。そして2軒目では、ロシア人にならって現実を抜け出して、毛皮をまとわないニシンの、ぷりぷりした燻製を食べよう。

インド共和国

ムンバイ／コルカタ／ビハール

喧噪、廊下に転がる男たち、夢のなかった私

初めて降り立ったインドの町は、マハーラーシュトラ州の大都市ムンバイで、私はその喧噪に滞在中ずっと目を見張っていた。激しく車とリキシャの行き交う4車線の道路を渡れなくて、15分待ったこともある。海岸沿いのインド門のまわりには観光客がひしめき合っていたが、そこから一歩入った路地裏はスラムで、路傍にはたくさんの人がごろごろと転がっていた。眠っているのか死んでいるのかも分からなかった。屋根はなく、物乞いたちが午後の日差しに焼かれていた。

日本から来た私はわけが分からず、地図の切れ端と小銭だけポッケに入れて手ぶらでずんずん歩いた。当時はスマホもなかったから、友達とはぐれたら次に会えるのは湿っぽい二段ベッドの並んだ安ホステルだった。ホステルの廊下には明日のボリウッドスタ

雑然とした都会コルカタ。

ーを目指す男たちがごろごろと転がっていた。私はまだロースクールの学生で、夢を食って生きている男たちに語る夢も持っていなかった。２００６年のことだった。

次にインドに行ったのは、東京の弁護士事務所をやめて隣国バングラデシュに住んでいた２０１２年で、行き先はバングラデシュと国境を接する、西ベンガル州コルカタだった。すでに基礎的なベンガル語を学んでいたので、旅はイージーモードで始まった。

安宿街サダルストリートでカモられることもなく、なんなら翌朝には、通りを

人が引くタイプのリキシャが走っている。

歩いていると客引きのおやじたちが続々と話しかけてきた。私にとってはありがたいことだった。同じ言語文化を持つベンガル人たちがインド・パキスタン分離独立の際に宗教の違いで分かれたという歴史を、バングラデシュ人もコルカタ人も淡々と語った。

町に出てターリー（カレーのセット）を食べ、パニプリ（煎餅にスパイスソースをかけて食べるスナック）を食べ、ヒンドゥー寺院を訪ね生贄（いけにえ）にされるヤギの断末魔を聞き、東方系ベンガル人を装って現地価格で入った博物館にも飽きてきたころ、リキシャの誘いを断って川沿いをぶらぶら歩いていると、法務省の建物が見えた。

インド法務省は雑然とした中にあった

レンガ色のその建物は雑然とした通りの中で柵に囲われて、調和しているようなまわりから浮き上がっているような不思議な雰囲気だった。私は法務省の前にあったお茶屋さんでチャイを頼み、土焼きのカップから甘いチャイをずずっとすすった。

近くには法律事務所や市場や公衆トイレや民家が押し合いへし合いしながら林立していた。たしかに法律というのはそういう雑然とした中に存在するものだなどと思いつつ、コルカタは都会ですね、と私はチャイをすすりながら隣の男に話しかけた。ダッカも悪くないがな、と男は上から目線ながら朗らかに言った。

「日本人よ、次はどこに行くんだ」男はつづけて聞いた。

「ビハール州。ブッダガヤに行きたいの」

「ふふん。ビハールは貧しい。ここを離れたら君はコルカタがどれほど豊かで進歩的で文化水準が高いかを思い知らされることだろう」

コルカタの人たちはベンガル地域のリベラルさをよく自慢していた。私はその足で、

コルカタにある法務省の建物。

柵に囲まれている。

ビハール行きの列車のチケットを取りに行った。

ビハールの町には仏教徒がいなかった

ビハールはたしかに貧しかった。ブッダガヤにたどり着く前に立ち寄った州都パトナにも、そのまわりの小さな村にも、お店は少なく、白茶けた道を歩けども歩けども、観光客には会わなかった。

やることもなく乾いた街路に座り込んでボーッとしていると、地元のおばさんたちが子供を引き連れて集まってきた。成立しているのか分からないようなベンガル語とヒンドゥー語でのコミュニケーションを繰り返しているうち、地元の人々は徐々に私に慣れてきたようで、風邪気味だと言うと薬をくれたり、次はブッダガヤに行くのなら仏陀ゆかりの場所があるよと既知すぎる情報をくれたりして、私はこのよく分からない地域をわりとエンジョイした。そのときにつけていた日記は、その後にブッダガヤで仏陀ゆかりの地をめぐっていたときのページよりも、いきいきと楽しそうだった。

意外だったのは、ビハールのこの町で会った人たちの中に仏教徒が1人もいなかった

ビハールの子供たち。

ビハールの寺院。

こと。仏陀が悟りを開いた聖地なのに……。そうか、仏教はインドで興り、東進し海の向こうに輸出され、インドではついえたのだと、私はそれからずっと思っていた。その10年後にロンドンに行くまで思っていた。そう、ロンドンで「指定カースト」出身の同級生の弁護士に会うまでは。

ブッダガヤを出ると西進してヒンドゥー教の聖地バラナシ（ガンジス河でバタフライ）、世界遺産の聖地アーグラ（裸足でタージマハルを歩く）を目指し、その後タール砂漠が広がるラジャスタン州でラクダに乗って、インド旅は幕引きとなった。砂の町ジャイプールはピンク色で美しく、漫画『ワンピース』のアラバスタ王国のモデルとされるジョードプルは青く空気が薄く、砂漠の夕焼けは赤く、観光客慣れしたラジャスタンの人たちは、日本人バックパッカーを優しくもてなしてくれた。

夜行列車を降りて新しい町に着くたびに私は「インドは広い」と口に出して確認し、去るときには「前の町と違うけど、なんと良いところ」と涙ぐんだ。どこに行くにも寝台車両が必要なインドは、ヨーロッパのＥＵ圏とそう広さが変わらない。世界地図上のサイズ（インド約３３０万平方キロメートル対ＥＵ圏約４１０万平方キロメートル）だ

バラナシ、ガンジス川に入る。

夜は川辺で催し物も。

けじゃない、人口もその多民族っぷりも、言語や文化の多様さもけた違いだ。ひとつひとつの州がヨーロッパの一国に相当するようなものなのだった。

10年後にロンドンで出会った「ダリット」

「僕がダリットであることに誇りを持てるのは、僕がマハーラーシュトラ州のナグプールで育ったからだよ」

10年後、私はロンドンで、同級生のインド人弁護士ディパンカーが話す彼の人生のストーリーに耳を傾けていた。

「デリーで育った従兄弟(いとこ)は、決して自分のカーストを明かさないって言う。デリーは僕たち指定カーストの人間にとって安心して過ごせる場所じゃないって」

「ラジャスタンに試験を受けに行ったことがある。宿でごはんを食べているとき、自分のカーストを明かした瞬間に目の前でお皿を落とされた。ごはんが目の前にぶちまけられた。ここでは暮らせないと思ったよ」

カーストに基づく差別は、インドの著名な政治家/法律家であるアンベードカル博士の起草した憲法で禁止されている。しかし今も差別は根強い。

「今も差別の対象となっているカーストの人たちが火をつけられるというニュースは日常茶飯事だ。でも州によってはそれを警察に通報できない場所もあるんだ——ラジャスタンや北西部は特にひどい」

ディパンカーは裁判例を挙げながらつづけた。

「未だに差別はある。たくさんある。だけどね、僕はこういう『被害者化された(Victimized)』ダリット像のステレオタイプを語るよりも、ダリットとしての誇りを持てる歴史を語っていきたい。僕たちの時代になってやっと、そう言えるようになってきたんだ」

彼はダリットの活動家であった自分の曽祖父と、ダリット女性初の起業家である曽々祖母の生涯を書いたノンフィクション『Dewaji』

左：ディパンカー、右：筆者。

の著者でもある。彼の家族はダリット出身のアンベードカルとともにダリットの権利向上運動に身を投じていたのだ。

ダリット、それは不可触民と呼ばれていたカースト最下層民だ。現在は法律上「指定カースト」と呼ばれ、公職の採用や公立大学入試の選考においてアファーマティブ・アクションの対象にもなっているが、ヒンドゥー教における抑圧の歴史は長く、ダリットで初めての大学資格試験合格者は1908年のアンベードカルを待たないといけなかった。そしてマハーラーシュトラ州出身のアンベードカルその人が、ダリット解放運動を始めた人物だった。彼の尽力でインド憲法にダリットに対するアファーマティブ・アクションが規定されるまでには、さらにそれから四十余年、猛烈な反発に対する訴訟を闘わなければならなかった。

「憲法で権利が明記されるということは本当に大きなことだった。だけどね、それが実際に町の人の権利に反映されるまでにはまだ時間がかかる」

ディパンカーは言う。

「大学生は今もピリピリしてる。指定カーストの連中はみんな自分より点数が低いのに入れたんだと言って、大学生たちは誰が指定カーストなのかを暴こうとする。公の場のカジュアルな会話でも、人は名字とカーストを聞く。君はインドの列車に乗ったことがあるから分かるでしょう？ 寝食をともにする中での会話には必ず、名字は何？ どのカースト？ というやり取りが入ってくる。君ら外国人が、どの国から来たの？ ってナチュラルに聞かれるのと同じように」

「なんて言うの？」

「僕は仏教徒だと答える。そしたら察してくれる」ディパンカーは笑った。「だけど場合によっては本当に口をつぐんでいないといけないところもある」

インドで見てきたものがいかに表層的だったか

1956年10月、多くのダリットが仏教に改宗した。その数は50万人とも70万人ともいわれる。仏教改宗運動の火付け役だったアンベードカルは、「ただヒンドゥー教の信仰を捨てるだけでは足りないのだ」と仏教を選んだという。

「インドの人々は、拠って立つものがある世界観の中でもう何千年も生きてきた。明日からヒンドゥー教信仰をやめろって言われても、やめられないんだよね。たとえそれが、自分たちのコミュニティを抑圧している世界観であったとしても。数日したらついヒンドゥーの教えを実践してしまう。だから代わりとなる宗教が必要だった——そう、祖父に教えてもらったよ」

アンベードカルは数ある宗教の中で、平等意識が強く、国際的な連帯のある仏教を選んだ、とディパンカーは説明する。

「ここマハーラーシュトラ州の仏教改宗がダリットの改宗運動の中で最大規模のものだった。だけど、改宗先を仏教に限る必要はなくて、中南部ではキリスト教への改宗が多く、南部ではイスラムへの改宗が多い」

この新しい仏教は時代を経てどんどんゆるくなっていったらしく、「僕も僕の家族も、仏陀の誕生日とアンベードカルの誕生日くらいしか行事をしない。あとは結婚式と葬式くらい」と笑う。

「日本人と同じだな」私も笑い、インドでは仏教はついえたと思っていたなんて言えず、日本の話をする。「うちが仏教徒だと認識するのって、葬式と法事のときくらいだよ」

「インドの新仏教徒と日本の仏教とのつながりは強いらしいよ。マハーラーシュトラ州は仏教改宗運動が興った地だったから、よく日本からのミッションが勉強しに来てる。高野山大学にはアンベードカルの銅像もあるって」

「へー！　知らなかったよ！」

私は自分の無知を、インドの広さのせいにするのをやめようと思った。

「知ってる？　ダリットの人たちは2018年、日本の部落解放運動と組んで、カースト差別の撤廃に向けた運動を行っているんだよ」ディパンカーは言った。「そういう前向きなニュースも最近では増えた」と。

「でもそれもこれも、やっと今なんだよなあ」彼はつづける。

「僕たちダリットのコミュニティは挨拶のときに、アンベードカルにちなんだ言葉Jai Bhimを使うんだけど、デリーに住む僕の従兄弟はそれをダリット以外の人がいるところでは使わない。僕や妹が他のカーストの級友たちと一緒にいるときにその言葉を使っているのを見て、びっくりしていた。君たちは自分たち自身でいられていいなって。やっと、やっと変わってきたんだなって」

明るいことばかりではない。ディパンカーも2年前、ダリットの権利向上のデモに参加して警察に抑留され、こん棒で背中じゅうを殴られたことがある。そのときは運動の支持者が多く警察に詰め掛けてディパンカーたちの解放を要求し、ほどなく解放となったという。

「何のデモ？」

「あのときはなんだったっけな。いろいろな事件がありすぎて」

「マハーラーシュトラ州でも？」

「うん、悪名高い事件もたくさんあるよ。うちの州のKhairlanjiと呼ばれる地域では、土地のトラブルを警察に通報したダリットの女性が、家族皆殺しにされた。ひどい拷問を受けた後に……昔のことじゃない、2006年のことだ。隣のウッタル・プラデーシュ州でも、ラジャスタンでも、最近、結婚式に髭をたくわえて行った新郎が、指定カーストのくせに他のカーストの髭のスタイルをまねるなと言われて、めったうちにされたと聞く」ディパンカーはつづける。「西ベンガルだって、表面では自分たちを進歩的だと言っているけど、実際は州の要職は上位カーストの人たちで占められているんだよね」


私はこうして、自分がインドで見てきたものがいかに表層的なものであったかを思い知ったのだった。

ラジャスタンでラクダに乗る。

ラジャスタンの子供たちと。

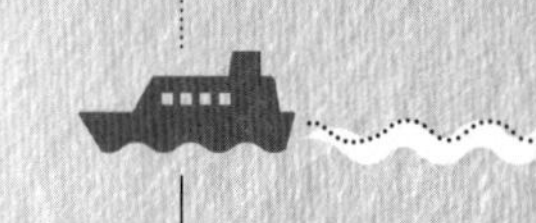

中華人民共和国

成都

「法院」にたどり着く

四川省の省都である成都では、じめっと暑い夏が始まっていた。空はにごり、白にざっと灰を混ぜた色をしているが、空気は汚く感じない。雨も少なく、けっこう過ごしやすかった。

成都は広い町だった。曇り空の重いお昼に、私は同行していたパートナー（そう、今回の旅にはパートナーを連行したのだ）と「陳さんの麻婆豆腐」を食べ、それから、比較的近くにあるはずの裁判所を目指した。

「百度（バイドゥ）」マップ上で「法院」と呼ばれる場所を目指していく（中国でグーグルマップは使えない）。しかしどうにもたどり着けない。仕方ないからテクノロジーだけでなく人にも頼ることにして、翻訳アプリで警備や受付の人に聞く。「いま、裁判が行われているところはどこですか」

紆余曲折を経て、2つ目の建物の受付の男性が、道順を丁寧に教えてくれた。彼の指示に従って街路を曲がると、それらしき建物があった。看板には、「成都市青羊区人民法院」という文字が見えた。

その建物は、法律事務所やお茶屋さんや麻雀店が連なる通り沿いにあった。ここの麻雀牌は大きい。手に取ると、手のひらいっぱいに四角い牌がずしりと載った。これでは、裏返しても指の腹で触ればすぐ分かってしまうだろう、などと私は勝手に心配した。

白い石造りの門には、赤い星の印が光っている。壁には「法治」といった法律っぽい標語の入ったポスターが多く掲示されている。裁判所の広報と思われる。

門をくぐった後には、ものものしい荷物検査場があった。荷物を通すとき、前に並んでいるスーツの人たちが、手のひらサイズのカードを警備員さんに渡している。首をかしげながら荷物のスキャンを終えてくぐり抜けると、警備員さんが何事か言って近づいてきた。ポカンとする私たちに警備員さんはハッとして、自分の身分証カードを指し示す。

「そうだ、ここでは私たちは、『一見してガイジン』ではないのだ」と思い当たる。見た目が似ているのでよそ者が来たという印象を与えないのだ。そういえば町でも、四川

それらしき建物である。

麻雀牌が大きすぎる。

の人たちは当然のように私たちのことを中国人だと思って話しかけ、言葉が通じなくて「あれ?」となっていた。「あれ?」となりつつも、普通に話しかけつづけてくれる。若者の場合は、私たちが中国語をしゃべれないと分かった後、インターネットにつないで英語や日本語に翻訳してくれたり、英語で話してくれたりした。

ここでも、私たちの後ろに並んでいたスーツ姿の男性が、身振り手振りを交じえた英語で、「大丈夫だよ、みんな取られるやつだから」と、彼の住民カードらしきものを見せてくれた。そこで、私たちもパスポートを取り出して見せた。了解という顔で、警備員さんはさらりと2冊のパスポートを手に取ると、身分証コーナーに放り入れた。

白くて狭い廊下がつづく。制服を着た人たちが行きかい、ピリッと緊張した空気が流れている。法廷とおぼしき部屋の前が待ち合い所になっており、赤い文字が光る電光掲示板があった。一般人らしき人が中に入っていくのが見える。

法廷の並ぶ廊下の、一番奥まで歩くと、事務局らしき部屋が見つかった。部屋に入り、窓口で「百度」翻訳を使いながら、「傍聴がしたいのだ」と伝える。すると、英語を少し話せる事務員さんが出てきて、「ちょっと待ってくださいね」と言った。彼女のやわらかい物腰と、まわりに気をつかいながら法廷の状況を調べている様子に、ちょっと面倒なことを頼んでしまったかもしれない、と申し訳なく思う。彼女は内線電話で何事か

壁に出ている広報ポスター。

を話し、まわりの事務員さんにも何事か告げると、自分の席を立って私たちを廊下へいざなった。

「あなたたちには、裁判の予定がありますか？」

「いいえ、私たちは傍聴をしに来ました」

「関係者ですか？」

「関係者ではないですが、日本の弁護士です。見学に来ました」

「なるほど、裁判に関係のない外国人が、他人の裁判を傍聴できるのかどうかは、担当者に聞かないと分かりません。いまから担当者に聞いてみますね」事務員のお姉さんは言った。

それから30分、私たちは廊下で待った。事務員のお姉さんは一緒に待ってくれて、いろいろと気をつかってくれた。ウォーターサーバーから水をくんできたり、「観光ですか？」と会話してくれたり、翻訳アプリで話題を深掘りしてくれたり。申し訳なさが募った。

この裁判所では、「服務規律」が廊下の壁に大きく貼ってあった。40から50にわたる指示リストが、簡潔に記されている。読んでみると、「服装を乱すな」というようなものもあった。事務員さんたちの服装を見ると、彼ら彼女らはブレザーコート型の制服を着ていて、胸に紋章のようなものをつけている人もいた。「きっちりしているな」という印象であった。

「担当者」がやってきた。にこにこと柔和な笑顔の女性で、髪をピタリとなでつけ、スーツを着ていた。彼女はまず私たちに、待たせたことを謝りながら握手をした。私たちが翻訳アプリで用件を告げ、携帯端末を渡すと、そこに彼女はなめらかな中国語で語りかけた。一文一文は長く、そして非常に丁寧だった。

「ここまで足を運んでくれたのに申し訳ないのですが、外国の人の傍聴はお断りしています」彼女の中国語が日本語に訳されていく。

「弁護士でもダメでしょうか？」

「この裁判所にあなた自身のケースが係属していないのであれば、傍聴は許可されません（是如果你在我们法院　里面没有你自己的案子　可能是不可以去旁听的）」

彼女は申し訳なさそうに、吹き込んだ言葉が訳されるのを待っていた。丁寧に繰り返される言葉に、粘ってもダメであろうと理解した。

「成都へは観光ですか？」会話も終盤と思われるころ、彼女は聞いた。

「そうです。いい町ですね」

「そうでしょう？　成都には、パンダや歴史の博物館など、見どころがとても多くあります。川菜（四川料理）を食べさせる店にも、美味しいところがたくさんあります。成都を楽しんでもらえると嬉しいです」

こうして私たちはあたたかいやり取りになんとなく満足して裁判所を出たが、結局ここでは「裁判所訪問」はできても、「裁判傍聴」は失敗したのだった。中国は広いのでどこも同じルールかは分からないけれど、ひとまず、「四川の成都の裁判所では、飛び入りの外国人は傍聴NG」ということなのであった。

成都の流儀

世界地図を見ると、東南アジアまるごとの面積よりも中国の方が広い。広州から成都へはおよそ1600キロメートル、これはバンコクからシンガポールまでの距離とほぼ同じだ。以前、インドの鉄道で60時間の旅をしながら、西ヨーロッパに匹敵するくらいの広さのインドがそれでも「インド」でありつづけようとする、そのとてつもなさに、その暴力に、思いをはせた。私はそのときのことを思い出していた。中国もそうだ。このあまりにも広い地域を、「中国」と総称できるのだろうか、と不安になるほどの地図上の面積。

成都には2週間滞在した。四川料理に舌鼓を打ち、パンダを見に行き、『三国志』にゆかりのある祠（ほこら）やら、歴史博物館やらを見に行った。祠からの帰り道は、沿道にチベット文字を掲げた店が延々と連なる、チベット民族の暮らす通りだった。四川博物館に行くと、「チベット仏教の歴史」「四川の少数民族14の歴史と暮らし」という展示コーナーがあった。

ある夜に足つぼマッサージに行ったら、私はそこで初めての日本人の客だったらしく、「日本人だとは思わなかった、色が黒いからチベット人だと思ったよ」とお店の子たちが笑った。のを、隣で足つぼマッサージを受けていた少し英語のしゃべれる中年夫婦が訳してくれた。それを私も、一緒に笑いながら聞いていた。四川省の西半分にはチベット人が暮らすのだと、私はこのときに知った。

アフリカという大陸を、「なんと広い世界なのだ」と感じたときのことを思い出した。私はアフリカで、「TIA」というステレオタイプに陥ったり陥らないようにしたりしながら、さまざまなエピソードを拾い歩いていたと顧みる。中国もまた、アフリカ大陸に似て「広そうな世界」である。そこでの経験を語ることは、「経験をひとくくりにはできない」という気持ちと、「この広い世界ではこうだった」と言いたくなる気持ちのせめぎあいの中にある。

アフリカ旅行中に出会った中国人バックパッカーの友人が、ちょうどそのころ帰国して成都に住んでいた（イラストレーターの彼女はアフリカ旅行のイラストエッセイを出版し、その中に私も登場している）。滞在中は彼女らに連れられて、よく成都の町を歩いた。

彼女らは家で、「成都流」の麻婆豆腐をふるまってくれた。それは日本の麻婆豆腐とは違い、ひき肉を使わないスタイルだった。火鍋屋に行くと、小皿に入れた具材が回転ずしのようなベルトコンベアに載せられて流れてきた。夜の町では、お店が満席であっても成都っ子たちは気にせず、「机がある限り座れるから」と笑って道端にテーブルを引きずり出した。小さなとっくりに注がれるのは、まろやかなココナツ酒と、少し酸っぱい甕（かめ）からくんだ白酒（パイチュウ）。

「その組み合わせは、なかなか日本ではない」と私は話す。

タピオカミルクティー屋さんは街路のいたるところにあった。友人は、「成都はいまもお茶文化の方が強い」と言う。「中国全体を見るとコーヒー文化が根付いてきたけどね」

四川、というか成都には成都の流儀があるのだった。

「最近ここじゃあ、若い子たちのあいだで、漢服という伝統衣装を着てお出かけするのが流行っているのよ。ゲームの影響なんだけど」

傍聴できなかったことや、川菜が美味しかったことや、チベット人だと思われたこと、しこたま飲んだこと……積み重なっていく小さな経験たちは、ひとくくりにもふたくくりにもできなくて、ただ記憶のみぞにたまっていく。みその中は不透明でたくさんの世界を映し出し、万華鏡のように揺れている。私はそれを、少しだけ掬(すく)って言葉にする。

南アフリカ共和国

ヨハネスブルク

「白人」な私

南アフリカの町ヨハネスブルクで、アパルトヘイト博物館に行った。入口で門をくぐるとき、回転ドアが「白人」「非白人」に分かれていた。チケットを買うと、小さな紙切れに「白人」(BLANKES/WHITES)と書いてある。チケットは来訪者にランダムに割り当てられる。私は当日の来訪者の中で「白人」に分類されたらしい。来訪者が「人間がシステマチックに分類されること」を想像しやすくするための仕掛けだった。

入口の前に暗いグレーの石があり、その前には、非常に地味な、「ブッシュマン」の展示があった。往時のベストセラー『銃・病原菌・鉄』には、「アフリカはもともといわゆる『黒人』の世界ではなかった」と書かれている。いわく、いまの「黒人」つまりバントゥー系の人々がこの大陸を席捲するまでは、ここは「ブッシュマン」――現在

入口が「白人」「非白人」に分かれている。

息苦しい空間がつづく。

「ブッシュマン」は蔑称なので、コイ・サン系の民族と言い換える——の世界だった。臀部がバンと張り出した身体的特徴を持つ、カラハリ砂漠の先住民の住む世界だったのだ、と。

入口をくぐると、アパルトヘイト博物館の中は暗くて、怖かった。その長い廊下を歩いていると、ミイラも生存者の証言ビデオもないのに、絶望の底にいるような息苦しさを感じた。それがいまはもう終わったということだけが、光だった。27年ぶりに釈放されたマンデラの顔を「あーでもない、こーでもない」と予想して描く新聞のイラスト展示が尊く、漆黒の夜空にひそんだ光源のように、その一角だけキラキラ光って、ただ生きるということがこんなにすさまじいのかと私は鼻の奥を熱くした。その後マンデラの自伝も買って読んだ。

私がアパルトヘイト博物館を去ってから3カ月後に、マンデラは死んだ。

ヨハネスブルクは漫画『北斗の拳』の修羅の町にもたとえられる治安の悪さだったが、アパルトヘイト博物館からの帰り道に私は公共バスを使ってみた。高架下でバスに乗るときに「バス停の場所を教える男」というのがいて、身構えたが彼の指さすバスは正しかった。ぼったくられたかもしれないがチップを払った。

南アフリカもナミビアも所得格差を数値化した「ジニ係数」が高いと聞き、貧富の差と治安はつながっているのか、どうなのかという話をしていた。奪うものがあるから銃で撃つし、搾取して人を虐げる。でもよく考えたらそこにあるのは因果関係ではないのだ。こんなのは弱肉強食でもない。弱肉強食は「強者」の正当化論理にすぎない。治安が悪いのを、虐げるのを、「強者」が「弱者」の「弱さ」のせいにしているだけじゃないのか。

ヨハネスブルクより内陸にある町で出会った心優しき動物博士のおじさんは、「南アフリカではラグビーは白人のスポーツ、サッカーが黒人のスポーツだ」と言い切った。彼は白人だった。私が行ったのはマンデラの死んだ2013年だったので、南アフリカのサッカーワールドカップから3年後だったということになる。簡単に変わらないものもある。それでも私は早く、「白人」「黒人」という言葉を人の紹介の前にあえてつけないようになるといい、と思う。ついでに「女性」という「属性」を「弁護士」の前につけないでよい日が早く来てほしいとも思うし、「アジア人の」「ダリットの」「イスラム教徒の」「●●民族の」も要らない時代が来てくれないかと思う。そもそもそういう「属性」だって、誰かが決めて誰かがそう分けているだけのものなのだ。

「人を分ける」に抗う

私は今でもときどき、アパルトヘイト博物館の入口で渡された「白人」のチケットを思い出す。紙で作られたその白いチケットの軽さと、有無を言わせない四隅の直角を思い出す。

こんな小さくて薄いラベルで、多くの「非白人」たちが選挙権を奪われ、住む場所を奪われ、差別を受け、投獄され、殺されていたのだということを、そして差別は選挙権を得た後も、今も続いているということを思い出す。それはアパルトヘイトを経た南アフリカだけの話ではない。

今も「指定カースト」の人たちがカーストを理由に火をつけられるインドの話であり、先住民族がアマゾンから追われるブラジルの話であり、宗教的少数者や少数民族が迫害を受ける中国やロシアの話でもあり、警察が「非日本人」っぽい見た目の人々に職務質問を繰り返す「レイシャル・プロファイリング」が問題になっている日本の話でもある。

まとめることのできない多様な人間たちを「国民国家」の概念が強引に束ねて、また暴力的に切り刻む。境界線を引く理由は肌の色であったり、職業や「カースト」であったり、言語であったり民族であったり宗教であったりするが、本当はそこには別に理由なんかない。

アパルトヘイトはただ単に権力者による人種差別だっただけではない。そこには境界線を引く試みと、境界線の外に置かれた者の人権をも奪う「ラベル貼り」の試みがあった。アウトサイダーのラベルを貼られた者たちを「差別してもいい」と考えさせる「社会規範」を作り出す「逸脱化」のプロセスがあった。マンデラは1994年に大統領に就任して「英雄」となる30年前は、支配者に抗う「テロリスト」と呼ばれていて、「非白人」という「被差別集団」であり「アウトサイダー」であり、彼はそのラベルゆえに27年間投獄されていた。

「アウトサイダー」はもともと「逸脱者」として存在しているわけではない。〈社会集団は、これを犯せば逸脱となるような規則をもうけ〉、〈彼らにアウトサイダーのラベルを貼ることによって、逸脱を生み出す〉と言われている。少し昔、〈異性愛が社会規範とされるという理由で同性愛が病気とされた〉例のように、どこかで誰かが都合よく「社会規範」を使って線を引いている。※

※〈　〉内、『完訳 アウトサイダーズ ラベリング理論再考』(ハワード・S・ベッカー著、村上直之訳、現代人文社)より。

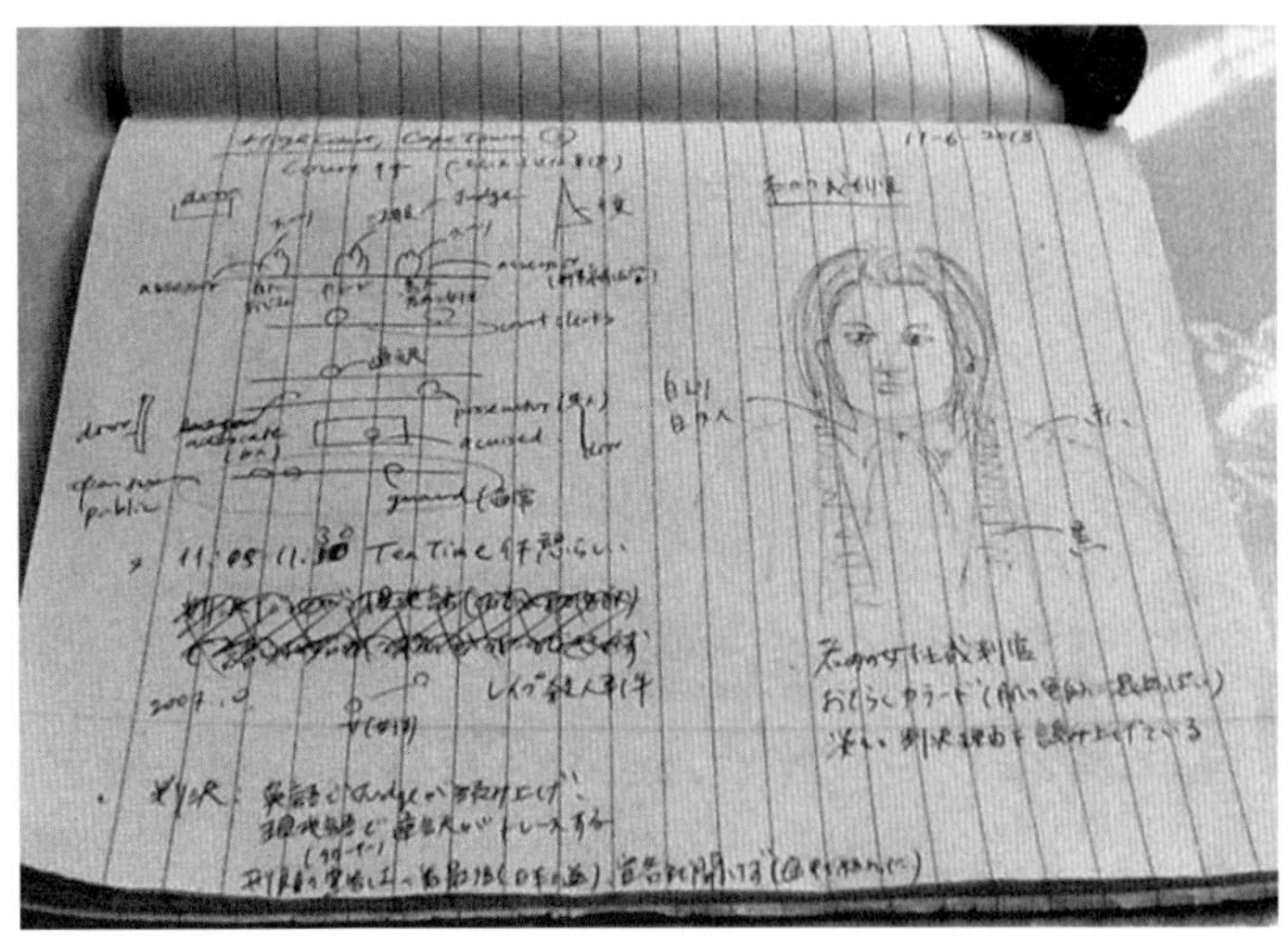

裁判傍聴のメモ。

ヨハネスブルクよりはるかに治安のよい海辺の町ケープタウンに行くと、高等裁判所で組織犯罪が裁かれていた。「GEWELD（暴力）」という異名を持つギャングのボスとその手下たちの犯罪なのだという話で、「ギャングたちが何十人もの殺人やマネーロンダリング、その他100を超える組織犯罪にかかわったかどで訴えられている」と、隣の弁護士らしき人が教えてくれた。

　裁判はアフリカーンス語と英語で進められていて、聞くところによると法廷言語は公用語11言語をカバーしているらしいが、通訳が入るので結局裁判官が使っているのは英語だった。オランダ系ボーア人とイギリス系の複雑な支配を受けてきたこの国では、アパルトヘイト推進の責任を問われたボーア人のアフリカーンス語の地位がアパルトヘイト撤廃に伴って下がるのと対照的に、英語はアパルトヘイト終焉後しっかりとエリート層の言語としての立ち位置を確立しているのだった。

あとで調べたところによるとその事件の審理は2015年まで続き、主犯格のジョージ・GEWELD・トーマス(George "Geweld" Thomas)は176年の刑を言い渡されたようだった。

南アフリカという国に、1カ月滞在した。喜望峰も、ケープタウンにほど近い町ステレンボッシュ(約50㎞離れているがアフリカの規模で考えると隣町だ)でのワイナリーめぐりも、「ガーデンルート」という海岸沿いを行くロードトリップも、そのさなかにしたスカイダイビングも初めての経験だった。内陸にある南ア最大のガリープ(Gariep)ダムのほとりで、ダムに沈んだ村の残骸と生き埋めにされた先住民たちの名前のリストを見たのも、南アに囲まれた山の国レソトに寄ったのも、プレトリア近くで車窓にサイを見たのも、初めての記憶だった。広く美しい国だった。だけど圧倒されるほど大きなその「国」の中で人々がさまざまな「属性」に分けられ、なんらかの権力によって今も服従を強いられているという感触は、たびたび見てきたものだった。

ワイナリーをめぐる。

とてつもなく、広い国だった。

序章の続き

バングラデシュ人民共和国（その三）

ダッカ／タンガイル　ユーラシアの交差点で

世界が閉じていく中で

「裁判所は2020年3月26日をもって閉廷になってしまったよ」携帯端末画面の中でショーンが笑って言った。「いつまた開くか、誰も分からないっていう状態だね……」

「そうだろうね」と肩を落とす私にショーンは追い打ちをかける。

「いま、令状（Writ）の審理のために仕込んでいる案件が2つあってね。その話を君に聞いてもらおうと思っていたんだけど、そんなわけでどちらもペンディングになってしまった……。それはそうと元気？」

「私は元気だよ。そっちは？　COVID-19の影響は？」

「僕の事務所はまあなんとかやってる。事務所メンバーは基本的には自宅で仕事をしている」

ける。

「でもさ、僕らも君も、こうやってリモートで仕事できているけどさ」ショーンはつづける。

「バングラデシュには、物理的に働きに出かけないといけない人たちがたくさんいるでしょ。というかそういう人たちが大多数でしょ。彼ら彼女らがバングラを支えてる。建設現場でも、アパレル産業でも。みんなの仕事がなくなったらどうなるかを考えると、おそろしいよ」

ダッカにはその日暮らしの人々が多い。現金収入を求めて田舎から上京しても、この物価の高い町にすべてを吸い取られ、田舎に帰る交通費を貯めることもできないままスラム暮らしをつづける人たちを、私も知っている。ときどきおしゃべりしに行っていた水上スラムの家族には、もう会えなかった。プレハブの家々がまるごと撤去されて以来、消息も分からなかった。

「君がダッカを出てからもう5年くらい経つよね」

ショーンはしみじみ振り返った。

「うん、私、5年前に、高等裁判所で令状の裁判を見たからさ、何か令状案件を知りたいんだけど」私はショーンに言った。

「うんうん。せっかく君に案件を紹介するなら、やっぱりバングラデシュという国の

『いま』が分かるようなケースがいいと思ってたんだけどね」とショーンは言った。

「ひとつ、これは僕の弁護士仲間がやっているケースで、『帝王切開』の案件があってね」

「帝王切開？」

「そう。最近のバングラデシュでは、通常分娩できる場合でもすぐに帝王切開をしてしまうのね。公立病院も、私立病院も。それで、必要でない場合は帝王切開してはいけないのではないかということで、病院を管轄する当局に規制を求めるべきだという議論が起こった。僕の友達のチームが、高等裁判所に申し立てをした」

「なるほど」

「そうしたら、高等裁判所は、病院管轄当局に対して、こうした不要な帝王切開を防止するガイドラインを作らなければならないという命令を出したんだ。つまり僕の友達のチームの申し立ては受け入れられたということ。２０１９年の重大裁判例リストにも載っているよ」

ショーンが送ってくれたウェブサイトを見てみると、そのケースはばっちり載っていた。「すごいね」私が言うと、「ほかにも知りたいケースある？」とショーンは聞いた。

重大裁判例リストを順番に見ていくと、その中には「河川に法人格を認める」という、風変わりな判決が載っていた。私はそれが気になった。私の中でバングラデシュは「川」と結びついて離れないからだ。

バングラデシュを最後に訪れてから5年が経っても、バングラデシュの記憶のかけらはまだ、川のにおいとともに残っていた。

川の記憶

ある川辺では、対岸は西日に赤く染められていた。たたずむ人は細かい点描で、ザワザワと動いて見える。日差しはまだ強い。そのせいか対岸の解像度は高く、川魚漁をしている男性の、投網(とあみ)の網目までも見えた。ロンチと呼ばれる小舟が、人を乗せて川を行き来し、子供たちはまだ水遊びをしている。笑い声の中に、川に飛び込むぱしゃんという音が混ざる。

ガラスくずをまき散らしたような光が水面に輝き、キラキラ、川をすべっていく。私はとびきり甘いチャイを飲む。ぬるくなった乾季の風が頬を撫で、ただ座っているだけの人がここにはたくさんいる。

河川敷の田んぼ沿いからは夕餉のにおいが漂ってきて、どこかで野を焼くけむりと一緒に、空へ上っていく。そのにおいの中には、お母さんたちの台所でのおしゃべりも含まれている。ジャックフルーツの樹から大きな黄色い果実がバカンと落ち、そのまぬけな落下音を合図に、夕暮れはアザーンの響きにつつまれていく。

どこかに行かなくてもいい人たちが、たくさん、あぜ道に座っていて、私もその中に含まれていた。日が沈むと私は、友人の実家に帰った。そこで「早く水浴びしなさい」と促され、井戸から冷たい水をくんで石鹸で頭を洗った。チンと冷たい水が、ビールのないこの田舎暮らしに気持ちよく、私は友人のお母さんが作ったカレーを手で食べて、皿洗いだけは手伝った。そして夜は、蛍の止まる蚊帳の中で眠った。

船で田舎からダッカへ帰る道すがら、ダッカの港に差し掛かると、川は水のにおいから、人のにおいへ変わった。静かな川面に喧噪のかけらが投げ込まれていき、空気のリズムが速くなり、川沿いの景色は一変する。マニュアルでねじを巻くゆるい田舎の時間は、ダッカの町に入ったとたんにカンカンカンカンと、メトロノームみたいに速まるのだ。

バングラデシュという国には（いや、どこの国もそうだろうが）、二面性がある。井戸水を浴びる生活をしているそのすぐわきで、タブレット教育やキャッシュレス決済など、当時の日本よりもずっと広く普及しているサービスもあった。バングラデシュに住み始めたばかりのころの私は、それを当初「一足飛びのようだ」「昭和と平成が共存する場所」などと安易に考えたりもした。

けれど、それはじつはすごく危うい考え方だと気づいた。だって歴史は直線的なものではないし、ゴールがあるものでもない。何が「進んでいる」とか「遅れている」とかいうことではないのだ。「進化」という言葉に違和感をおぼえるようになったのも、「途上国」という言葉を使うのをやめたのも、バングラデシュに行ってからだった。「新しい」と「古い」は「便利や洗練」vs.「野暮や古くささ」といったような単純な二項対立ではないし、常に価値観が絡み合っている（それは日本に対しても言えることだ）。

であるなら変化とは何なのだろうとも思う。

2つの訴訟

地方都市タンガイルで、娼館のある赤線地帯は取り締まりの対象になってつぶされた。もう何年も前に娼館を訪ねたとき、「村には帰らない」と言った女の子は、本当は「帰れない」と言っていたのだろうと思う。「この場所から放り出されたらどこにも行くあてはない」という子たちは、おそらく彼女のほかにも多くいる。

その子たちがとりあえずいま「戻る場所」は数年かけて少しずつ再建されていたらしい。がしかしそのあいだに、娼館街は、付近にある女学校から訴えられ、2020年になってまたつぶされたという話を、タンガイルの友人経由で聞いた。

セックスワークは、よく取り締まりの対象になる。それは日本も同じだった。日本でも、2020年の新型コロナウイルス感染症流行時、「国が持続化給付金の給付先から性風俗業界を除外したこと」に対して、訴訟が起こされている（性風俗業界自体のあり方を問う議論は、倫理や宗教的な問題が多分に混ざってくるのでここでは省く。実際に搾取があるケースもあるだろう）。「いま、性風俗業界で働いて生活している人たちが国籍やジェンダーを問わずいるという事実」と、「彼ら彼女らの現在の人権や労働権はどの程度保障されているかという問題提起」について、私はタンガイルを思い出すたびに、考える。

「あのさ、『タンガイルの赤線地帯が女学校から訴えられた裁判』の資料は手に入らないかな？」私はショーンに聞いてみた。「探してみるよ」と彼は答えたが、それから少しして、「ダメだった」という連絡が来た。

「僕も聞いてみて、うちの事務所の弁護士たちにも裁判所に問い合わせてもらったんだけどね。いまもまだ裁判は継続しているから、資料は手に入らなかったんだ……」

「そうかぁ、悔しいけど、仕方ないね……」

「代わりと言ってはなんだけど」ショーンは言った。「君が興味あると言っていた裁判の資料を送るよ」

ショーンから送られてきたのは、「河川に法人格を与えるか?」を争う裁判の資料だった。「法人格」とは、権利や義務の主体になることができる法律上の地位のこと。

それは、ジュート工場を営む会社と環境保護NGOとのあいだの訴訟だった。ダッカからタンガイルへ向かう途中に流れる「トゥラグ川」の沿岸に、ジュートの会社が2013年から2016年にわたって大がかりな埋め立てと工場建設を行ったことが問題となった。その埋め立てによって、川は一部では100フィート(約30メートル!)ほどの幅まで狭まってしまったらしい。

「これでは環境へも住民へも影響が大きすぎる」と、NGOがバングラデシュの政府当局(Inland Water Transport Authority)に対して公共訴訟を起こした。その訴訟の中で高等裁判所が、「ジュート工場は、トゥラグ川の『法人格』を侵害している」と判断した。

バングラデシュはジュート生産で知られる国で、ジュート産業は国策産業でもある。それでも裁判官4人は、「政府はこの件に関して、生物の多様性、生態系のバランス、地域の環境を守るために、トゥラグ川をはじめとした河川の沿岸部を含む土地の売買や賃貸に慎重にならないといけない」と、強い調子で政府に要請していた。たしかにこれはすごい判決だなと私は思った。

「環境系の訴訟には興味あるんだ」と、10年前からショーンは言っていた。そのショーンがいまもダッカにとどまっていて、彼が送ってくれた資料がこのトゥラグ川の裁判の判決であることに、私はじんわりとあたたかい気持ちになった。

時間は重く、この国には古さと新しさがある。20代から30代になった私たちにもおそらく古さと新しさがあり、「変わったものと変わらないもの」があった。

私は、いまも知らない。バングラデシュの法律のことも、現地のこともまだまだ知らない。それでも裁判所に行って判決を読んで、「小さな何か」はたしかに見えたのだった。どんな空間で裁判をやっているか、裁判官はどんな顔で、当事者たちはどんな扱いをされて法廷に立っているか。裁判の対象になっている地域の川に、どんなきらめきがあるか。風のにおいが、人のざわめきが私の鼻孔に、耳に、手のひらにかすかに残っていて、私は知らないながらも、仕組みと民俗の交差点（と私が把握している場所）に足を踏み入れていたと気づいた。

4章

島国

Island Country

- アメリカ合衆国
- サモア独立国
- フィジー共和国
- ニュージーランド
- トンガ王国

アメリカ合衆国

ハワイ州

観光の島で

この島は、隅々まで語りつくされている。

ハワイ見物が初めてだった私は、その日、世界有数の観光地オアフ島で、観光初心者として大いに活動した。ワイキキビーチでベタな写真を撮って、パンケーキのブランチに舌鼓を打ち、モールで買い物をした。帰り道にはリゾート感あふれるバーで一杯ひっかけた。ハワイ島では、「自然を満喫だ」と、サクサクした踏み心地の溶岩を遠目に見て、友人の車でドライブをし、ハワイ島のクラフトビールや、南国っぽいラムのカクテルを飲んだ。それから友人のウェディングに列席。あふれる「ハワイらしい」観光コンテンツをすくいつづけるのに忙しかった。

ハワイが観光によっていまのかたちをなして久しい。私たち日本人の観光客も、マスツーリズムの隆盛にあやかってハワイに通い始めて久しい。

観光は、そこに当たり前にあったはずのものに、観光客的ものの考え方とともに、人工物の雰囲気やフィクション性を付与していく。もちろんそれが1つの観光芸術や新しい伝統になることもあるし、伝統らしきものがすべて「正」でもないし、伝統をそのまま後世に伝えることもまたすべて「正」というわけでもない。でもそれでも、強い「フィクション」を感じる地域に私は混乱する。

涼し気に植木が茂るが、普通のビルである。

観光は本来、非日常性を含み異質なものだが、しかし同時に理解できるものである必要があるのかもしれないという気がする。それは、私が海外の裁判所訪問に「フィクション」と「リアル」のあいだを求めているのと少し似ているのかもしれない。

太平洋の「へそ」

オアフ島の裁判所は、ダウンタウンの中にあった。

私はグーグルマップで場所を見つけると、バスを降りた。街路には、スーツ姿の男女や、買い物をする人々が行きかっている。なんだかここにきて初めて、「観光」から遠ざかったような気がする。何の変哲もない現代風のビルが閑静な公園の隣に建っていて、それが地方裁判所だった。公園の向こうには最高裁判所（Supreme Court）があるらしい。

建物の入口に標識があった。「Welcome!」の横には「ようこそ！」と書かれている。「言語アクセス局（OLA〔Office of Language Access〕）」とあり、言語一覧表が掲げられ、ここに列挙された言語なら無料で法廷通訳をつけられると記されている。英語以外の話者が多く来ることがすぐに分かった。

一番上に書かれている言語はハワイの現地語であるハワイ語で、日本語はその次に挙げられ、「日本語の通訳が必要な方は、ここを指差してください（通訳費用はかかりません）」と、日本語で書いてある。その後に、韓国語、中国語（マンダリン、広東語）、

ウェルカムボードは裁判所でも南国風。

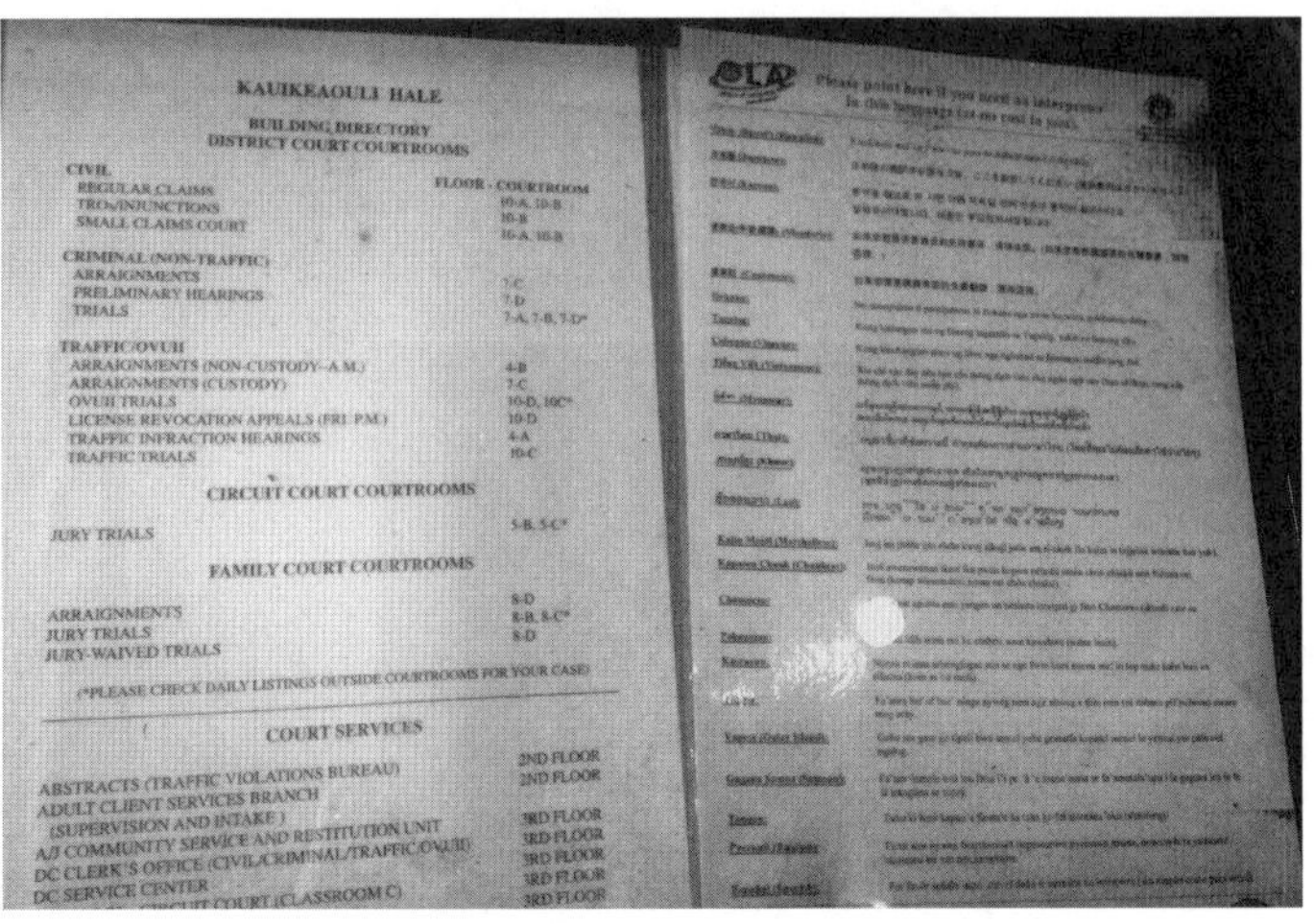

ずらっと言語メニューの一覧。

イロカノ語、タガログ語、ヴィサヤ語、ベトナム語、ミャンマー語、タイ語、クメール語、ラオス語、マーシャル語と東南アジアの言語がつづく。さらにその下には、ミクロネシアの言葉である、チューク語、ポナペ語、コスラエ語、ヤップ語、マリアナの言葉であるチャモロ語、それからポリネシアのサモア語、トンガ語、最後にロシア語、スペイン語とつづく。その数、23言語。

アジア諸国のほか、太平洋に広がるミクロネシアやポリネシアの言葉のメニュー一覧を見ていると、まさに「アジア・パシフィック」という言葉がさす大きなエリアの、隅々から人がやってきているのだ、と思う。さらに公用語はアメリカの英語であるという点を考えると、ハワイはポリネシアという三角形の海洋世界の1つの点であるのみならず、アジアと北米と南太平洋をつなぐ、環太平洋世界の「へそ」なのであった（ちなみにポリネシアに目を向けると、サモアの隣の島はアメリカ領サモアである。アメリカ領サモアの町パゴパゴはサマセット・モームが『雨』で描いた閉ざされた町で、ハワイ行きの便が多く出ていた。サモア系アメリカ人をはじめ、太平洋の島々の人は「先進国」ハワイを目指すのだと聞いたが、それはまた別の話）。

「海の世界」というものには、心をワクワクさせる何かがある。

裁判所と裁判官

建物に入り、刑事裁判を見ようと思ったが、その日、大きな事件はないと職員から告げられた。私は退屈そうな警備員にいざなわれて、「退屈そうな」交通裁判を見守ることになった。ここの裁判所の7階には、交通裁判の審理を行う法廷と、交通裁判以外の刑事事件を扱う法廷がある。交通裁判は「交通」「OVUII」とカテゴリー分けがされていた。「OVUII」というのは「アルコールやドラッグなどの『酔わせるもの／中毒性のあるもの（Intoxicant）』の影響のもとで運転した事件」をさすのだという。

せまい法廷だった。傍聴人は私のほかに1人もいなかったが、怪訝な目で見られることもなく、質問されることもなかった。傍聴人に慣れているのかもしれない。裁判官の後ろの壁にはアメリカの国旗が立てかけてあった。斜めに設置された法壇の前には書記官と被告人がおり、そのさらに後ろには州検事と、研修で来ている様子の若そうな人々がいた。若者たちは黙って裁判官と被告人のやり取りに耳をかたむけていた。

裁判官は被告人を前に立たせて交通事故の状況を聞いていた。アフリカ系の風貌をした被告人は、ものすごい早口で、事故時の車の席順について話した。同乗の子供にチャ

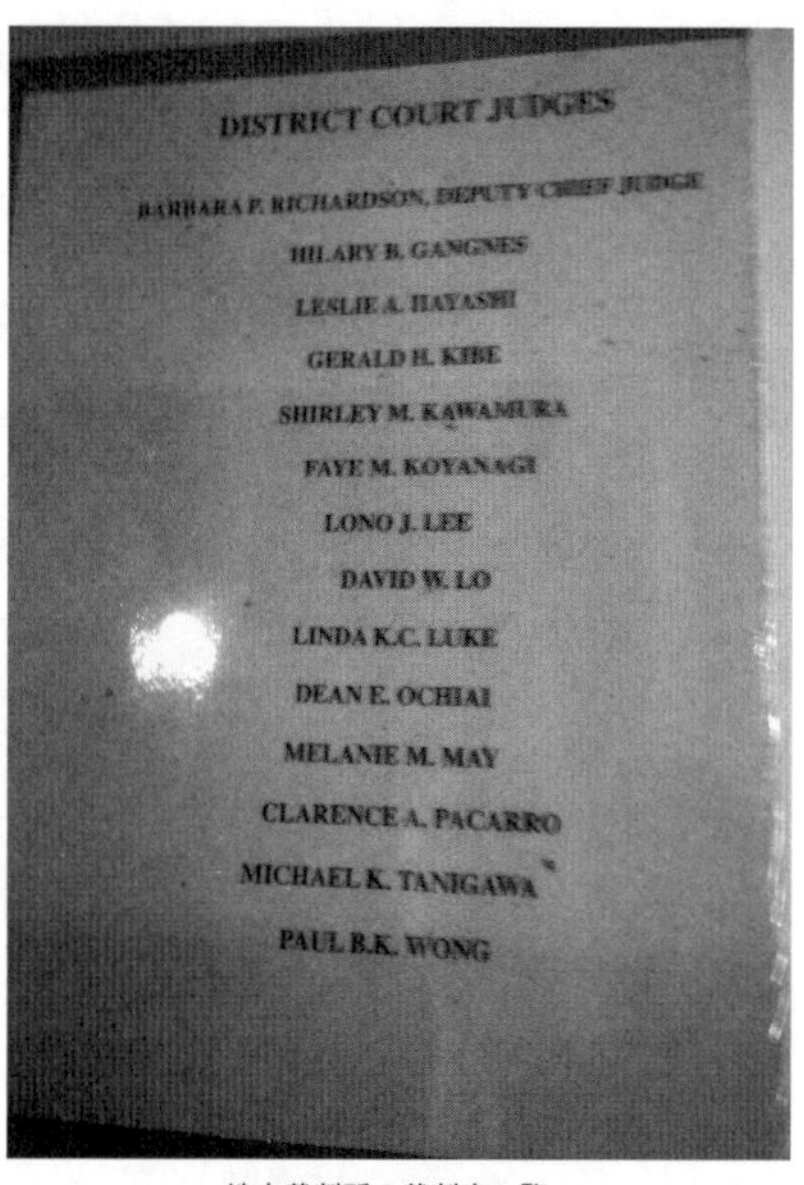

地方裁判所の裁判官一覧。

イルドシートをつけていたかに関して争っている。その後に罰金額について議論することになっているようだった。おじさん裁判官の語り口は柔和だった。平面的な顔や眼鏡の奥の細い目、うすい唇となだらかな鼻梁（びりょう）、小さく丸まった鼻先といったその外見に、私は親しみやすさを抱いた。

法廷を出ると、入口に裁判官の名前が記されたプレートがあった。そこには「Judge Kibe」とあった。ほかのアジア・パシフィック系の名前かもしれないので何とも言えないながら、私はきっと日系人の名字なのだろうと予想した。その日に出勤している裁判官のリストを見たところ、日本人っぽい名前が13人中6人あった。ハワイ自体、人口のだいたい15パーセントが日系人らしい。

日本人が初めてハワイに入植したのは1868年、もう150年以上も前のことである。

そのころのハワイはアメリカに併合される前のハワイ王国だった。しかし併合前とはいえ、アメリカをはじめとした欧米資本のサトウキビ農園は本格稼働していて、労働力不足を補うために渡ってきたのが明治初期の日本人だったという。そのころ、日本は貧しかった。

裁判所の廊下を歩きながら、私は前日に飲んだハワイアン・カクテルを思い出していた。カクテルはサトウキビのラムで割られていた。明治初期に海を渡った日本人が作ったサトウキビの子孫でできたラムなのかもしれなかった。そしてそのラムを飲む私は、明治初期に海を渡らなかった日本人の子孫なのだった。

そんなことを考えて、この裁判官のことを「日系人」として色付けしている自分に気がついた。本人たちはおそらくわざわざそう名乗らないであろう属性を、勝手に貼り付けている自分に羞恥心をおぼえた。私だって、女性の裁判官が「女性裁判官」と呼ばれていたり、私自身「弁護士」ではなく「女性弁護士」と呼ばれたりすることを、苦々しく思っていた。男性はつけられないのに、と。ハッと我に返り、「裁判所の傍聴席で、私はハワイをすべてごっちゃにしているのだ」と気がつく。観光と飲み物と裁判官と、ハワイ史のかけらと自分の歴史のかけらを、混ぜ合わせて、咀嚼(そしゃく)しているのが私なのだと。

その後、隣にある「上訴裁判所（Appellate Court）」にも足を運んだ。けれどそこはその日、午前中のみの開廷で、午後は何も行われていなかった。よく冷房が利いていて、涼みに来ている職員たちを何人か見かけた。彼らは廊下で気持ちよさそうに昼寝をしていた。

上訴裁判所の裏手にあるという最高裁判所には足を運ばずに、私は町へ戻った。

私は、法廷での時間を「秘境ツーリズム」的に消費する、「観光的な裁判傍聴」に飽きているのかもしれない。そう思った。表層だけを見て旅をすることに飽きているのと同じように。その国の言語も、法律の仕組みも分からないまま裁判傍聴をすることにも、裁判を見ることを「観光」の枠の中にはめ込んでしまっていることにも、飽きているのかもしれないと。

いま裁判にかけられている人はどういう経緯でここにいるのか。彼らを裁く仕組みはどうなっているのか。裁判所で行われていることの何がこの国にとって「普通」で、何が「普通」ではないのか。量刑はどのくらいで、弁護人たちは何と闘い、検察官や裁判官たちは被告人のことをどう見ているのか。仕組みはこれから変わっていくのか。

「法とは社会的規範の1つにすぎず、政治や哲学的・宗教的な伝統と並立するもの。文化的背景とは切り離せないものである」そうなのである、そして文化的背景も制度も、どんどん変化していくものなのである。

「フィクションとリアルのあいだ」を知るためには、結局「リアル」をもっと知らないといけないのだった。

そして目に見えないことは結局いまもまだずっと、目に見えないままだった。土地のことがやはり圧倒的に「分からない」ということに、私は傲慢にもさみしさを感じつづけ、それは身体に記憶のある感覚だった。

私はいつも、後ろめたさとともに旅をしていたのだと思う。それは「裁判傍聴を観光客のおもちゃにすること」に対してだったり、「観光客であること」に対してだったり、「旅をすること」自体に対してだったりした。

サモア独立国

アピア

裁判所から泳ぎ出る

「海に出たい、そこに何が待つか分からなくても」……南太平洋を舞台にした映画『モアナと伝説の海』の冒頭、ポリネシア人の少女モアナは、海の女神に会いに行こうと、島を出る。

少女モアナの船出はさすがにピュアで、海の祝福に満ちていて、弁護士をやめたいい大人の旅立ちなんかとは違う。私はと言えば、「海に出たい、そこに何が待つか分からなくても」の中には「日本を出たい、何にもならなくても」が混ざっていた。しかしそれでも私の「海に出たい」にだって、「少しは広く世界を知った気になりたい」という、うっすら前向きな気持ちも含まれていたのだ。

それから10年が経った。世界の131カ国を回り、30カ国の裁判所に足を運んだ。

島国サモア

友人を訪ねてサモアに着いた夜、私は、サモアの島の名を冠したビール「マヌタギ」を飲み干して、熱帯の夜に耳をすませていた。夜の雨はシャアシャアと窓の桟に当たり、風が吹くとヤシの木の葉が擦れる。むんと寝苦しい夜に、なんだかドキドキして眠れない。

「サモアはポリネシアの島国。正式名称は、サモア独立国」

そう聞いてグーグルマップを開き太平洋にズームインしても、すぐに迷子になるのが、島国サモアを探すときの常だ。東西南北にどれほどスクロールしてもたどり着けない。あきらめて「サモア」と入力検索してピンが落ちるのは、大海の中、ハワイとニュージーランドをつないだ線の途中。身を寄せ合うようにサモア諸島3島があり、西の2つが人口21万人の「サモア独立国」だ（東がアメリカ領サモアである）。

バングラデシュで知り合った友人・通称姉さんは、バングラデシュはタンガイルでの任務を終え、サモアに赴任していた。彼女の赴任先はウポル島にある首都アピア。湿気の多い常夏の島で、生活のいたるところに昔ながらの伝統が残っていた。村は伝統的な

壁のない家「ファレ」で暮らす人々。

首長（マタイという）によって治められ、人々はいまでも、ファレと呼ばれる壁のない家に住んでいる。

首都には文化センターがあって、さまざまなサモアの伝統文化を知ることができた。昔ながらのファレの床に座り、土の中で芋を蒸し焼きにするサモア風ごはん（ウム）を食べたり、タトゥーを彫るところを見たり（ポリネシアではタトゥー文化は神聖だ。サモアはその発祥の地とも言われ、彫り師は代々神性があるとして崇められている）、ココナツの繊維が入った紙をすいて工芸品を作るのを見たり、マタイのタトゥーを入れた屈強な男性たちのポリネシアン・ダンスを見たりもした。マタイのタトゥーは特別なタトゥーで「真の男の証」らしく、絵柄が肌にきらめくだけで尊敬されるのだとか。

町を軽く散歩して、夜になると食堂付きホテル「アマナキ」の海に面したテーブルで、仕事上がりの姉さんと合流した。

「ここはけっこうなんでも美味しいよ」着くなり姉さんは言った。「でも、サモア初日なら、ポケ、食べたらいいんじゃない？」

ポケと呼ばれるのはマグロの漬けで、近海でとれるキハダマグロを甘じょっぱいタレに漬けてある。ちなみにレモンでしめてココナッツにひたすのは、オカ。いずれもビールが何杯でもいけた。私は半泣きである。「これは飲みすぎる。明日、早起きできるのだろうか……」

開廷を待ちながら

地方裁判所は、アピアの北の町はずれ、中心部から徒歩で30分の小さな岬に建っていた。海沿いの護岸の道には日差しを遮るものはなく、みしみしと熱気が詰め込まれた夏の朝、私は黙って1人で歩きつづけた。

朝の9時、海沿いの散歩は気持ちいいはずと予想した私は考えなしだった。いったん

裁判所の廊下には外の湿気が押しあいへしあいして入ってくる。

町を離れると、蒸し暑い護岸にタクシーは通らない。軽い二日酔いでもある。途中、護岸の芝生に寝そべった男性たちを数人見かけたが、彼らもしばらくすると退散していった。

「法廷が開くのは10時よ」

汗だくで裁判所にたどり着くと、窓口の事務員さんは言い放った。

「まだあと30分あるから、廊下の椅子で待ってもらうことになるわ。刑事事件?……そうね、今日は第2法廷と第3法廷でやっているはずよ」

2階の廊下は半屋外にあってすごい湿気だった。黒い法服の下にビーチサンダル履きの裁判官が行きかう。この国では、村の首長も、首相も、聖職者も、重要な会議にだってビーサンで登場するらしい。たしかにこの蒸し暑さで革靴は履きたくない。と思いながら外を眺めると、空に暗い雲が垂れ込め始めた。雨の降る気配がする。

「ここは、地方裁判所（District Court）ですよね？」

同じように早く来ていた様子の男性が長椅子の隣に座ったので、聞いてみた。

「うむ、中規模の事件は裁判の一審目としてまずここに来る。——民事事件では訴訟額2000タラ以上2万タラ未満、刑事事件では法定懲役7年未満の事件だ。もっと軽微な事件を裁くのは、地方裁判所の中にあるファアマシノ・フェソアソアニ（Faamasino Fesoasoani）裁判所。2000タラ未満・1年未満の事件はここに行く。交通裁判とかね」（1タラは50円くらいだったから、10万円と100万円が目安ということだ）

「逆にもっと重大事件だと？」

「2万タラ以上、懲役7年以上の事件は直接、上級裁判所（Supreme Court）に行く」

（ちなみに最近では上級裁判所の管轄下に「アルコール・ドラッグ裁判所」ができたという話を後で聞いた）

「なるほど。ではサモアの裁判は三審制なんですか？」

「地方裁判所に訴えられた事件はそうなるね。地方裁判所からの不服申し立ては、上級裁判所に行った次に上訴裁判所（Court of Appeal）に行くから」

「ふむふむ。ではどの事件もここを通って、審理されるんですね？」

「いやそうではない。サモアには、いわゆる『欧米型の裁判制度』のほかに、『伝統的な裁判制度』で審理するルートがあるのだよ」

「というと？」

「サモアは伝統的な力が強いからね。欧米型の裁判だと、地方裁判所から上級裁判所というルートで審理されるけど、そのほかにも、土地・権原裁判所（Land and Titles Court）があって、村の争いはそのルートで審理される」

廊下から階下を見下ろすと、駐車場の照り返しが強い。

ここサモアでは村ごとに、首長（マタイ）の決めた独自のルール、いわゆる村の掟があり、その掟はいまでも生きているらしい。彼ら彼女ら（マタイの中には男性も女性もいる。それはアフリカでは女性の長老もときにいるものの、やはり男性優位の民族が多いのとは少し違う）はたいていの場合、教会の長も務めていて、敬虔なキリスト教徒の多いこの国の人たちの生活全般に影響力を持っている。何と言っても人口21万人の小さな島国。ニュージーランドやハワイに渡る選択のほかに、村社会の外に出る方法はほぼないから、村の掟はいまも大事なのだった。

南の島の空気が入り込む第2法廷

21万人の島でも、紛争は起こる。10時に開いた第2法廷では、6列に並んだ傍聴席に、ずらっとおおぜいの人が腰かけていた。その中の多くが自分の事件の審理を待つ被告人だと気づくのに時間はかからなかった。法壇の上からがっしりとしたおじさん裁判官が目配せすると、法壇の前に座る書記官が被告人たちの名前を呼ぶ。呼ばれた人々は慌てて傍聴席から立ち上がり、柵の中に入る。法廷にはゆるくエアコンがついていたが、傍聴席後方は人の出入りが多く、扉を開け閉めするたびにむわっとした南国特有の空気が流れ込んだ。

しばらく私は、隣に座っている男性に「あれは誰だ」「これは何の事件だ」と話を聞いていた。この法廷で扱うのは「家族紛争」だと彼は言っていたが、彼もしばらくすると名前を呼ばれて柵の中へと向かい、向かって右の被告人席に座った。誰が被告人で、誰が傍聴人で、誰が証人か、これではまったく分からない。裁判はサモア語で行われていた。もちろん理解できなかった。

その男性の審理が終わった後、一息おいて、「パパ・エステル・ヌルーリ」と書記官が呼んだ。パパという聞き慣れたワードに興味を惹かれて柵の中を見ていると、痩せて小柄な老人が、屈強な男性（その1）に支えられ、しずしずと被告人席へと歩いていった。老人はゆっくりと被告人席に腰を下ろす。それを見届けると、裁判官は威厳のある声で審理を始めた。

審理は長かった。被告人のおじいさんはそのあいだ一言もしゃべらず、目をぱちぱちさせて裁判官を見上げながら、ずっと小刻みに身体を揺らしている。その彼の背中を、すぐ後ろ、傍聴席の一番前に座った屈強な男性（その1）がうちわであおぐ。さらに関係者らしき屈強な男性（その2）が前へ出てきて証言とおぼしき何らかをしゃべり、裁判官は「ふむ」という顔で一通り彼の言うことを聞く。また別の屈強な男性（その3）が手を挙げ、前へ出てしゃべる。おじいさんを除いて、ここには屈強な男性しかいない。もう誰が誰だか。

唯一、「マタイ」という単語が聞こえたので、このおじいさんはマタイなのではないかと私は想像した。「それとも、いま審理されているのは、村の掟にかかわる土地・権原裁判所の事件なのか？」とも思ったが、後に裁判所のホームページや資料を見ると、土地・権原裁判所の審理ルートは、地方裁判所のルートとは完全に別なのだと書かれていた。村の掟と国の法律は、いったいどのように整合性を保っているのだろうと思ったが、答えは得られなかった。

第3法廷は交通事件

話は第2法廷の隣の第3法廷に移る。こちらも傍聴席には人がたくさん座っていて、審理は流れ作業で行われていた。軽微な事件が多いのか、第2法廷よりも裁判のペースは速い。法壇前の柵の中には、検察官が事件によって1人または2人座っていた。ときどき弁護人らしき人が検察官の隣に出てくることがあったものの、弁護人がつけられていない事件が多かった。

若い女性、おじさん、女性っぽい男性……傍聴席に座った被告人たちは、出席番号を呼ばれる学生のように立ち上がっては、どんどん消化されていく。女性っぽい男性の審理が終わり、次はかなり大柄な女性が被告人席に立った。

傍聴席の一番後ろに座っていた私は、裁判官の顔をスケッチしていた。彼女は眼鏡をかけた年配の裁判官で、穏やかながら滔々とした語り口。被告人はあまり口を開かない。出入口のわきに立つ警察官にこそっと聞いてみた。

「これは交通事故の訴訟？」

「そうだ。飲酒運転で、人を怪我させたかどで起訴されている」彼もこそっと答えてくれた。

「いまの被告人だけ長いけど、何を争っているの」

「飲酒かどうかという点みたいだね。軽微な事件だから、今日、判決まで出るはずだ」

しばらく見ていると、判決が言い渡された。警察官はふたたびこそっと教えてくれる。

「400タラの罰金になった。罰金を来週の月曜12時までに払わなければ、3週間留置される」

400タラは日本円にして約2万円になるが、私には量刑の相場がよく分からなかった。

「それは、刑罰としては重いの？　軽いの？」

「裁判官は、被害者の面倒を見たことと、治療費をすべて払い終えたことを酌量事由として挙げていた。だから、この程度の罰金で済ませてもらったっていう話なんじゃないかな」

出会ったばかりのランチ

法廷を出た。廊下には、雨のにおいが充満していた。傍聴しているあいだにざっと雨が降ったらしい。空は黒く、ぬるま湯の中にいるような湿気だった。

帰りはタクシーをつかまえて町に戻ろうと、建物を出た。風のない正午、首筋に汗が流れ落ちる。このぬるま湯の中を泳いで帰れるわけがない。

私は裁判所の入口でタクシーを待つことにした。そこにはすでに先客がいた。どこかで見た顔と思いながら、背の高いその先客に会釈して隣に立つ。向こうも私を見て、にこりと会釈。

「タクシー待ち?」と聞くと、「そう、なかなか来なくて」と答えが返ってきた。

「今日はほんと、ダメな日で」先方はつづける。「さっきもね、裁判期日が何度も延期になって、やっと今日に決まったと思ったら、始まるまでまたすごく待たされて。担当者に9時に呼ばれて、法廷に入れたのが10時。そこから1時間待ってようやく自分の事件。どうにか裁判が終わったと思ったら今度はタクシー待ち……」

あっ、と私は声に出してしまった。この人は、さっき私が傍聴していた第3法廷の被告人の1人だ。

「あ、交通事件の期日があったの？　第3法廷の？」と私は聞いてみた。

「そう、居眠り運転。コクッとして、気づいたら車が暴走しちゃって。罰金になった……」

「そうなのね」私はあいまいに相づちを打った。

「そうそう、あなた傍聴席で見かけたわね。傍聴してたんでしょう？」

やはりガイジン傍聴人は目立つようだ。私は自己紹介して、旅行中に裁判傍聴をしているのだという話をした。

「いいわね。私はサモア生まれなんだけど、ニュージーランドで育って、最近サモアに帰ってきたの。観光業で働いてる」と先方も自己紹介した。「なるほど」私はその物腰のやわらかさと、嫌みなくおしゃべりな雰囲気に納得した。

「仕事は忙しくて、残業も多い。けど残業代は出ない。ここではそれが普通。……仕事のせいにしちゃいけないけどさ、このところずっと残業つづきで、朝まで徹夜で仕事しないといけなかった。その後、事故を起こしてしまった」

話しているうちにタクシーが来た。先に乗っていいよと譲られそうになったので、いやいいよ、と譲り合いを一往復し、結局一緒にタクシーに乗り込むことにした。

「私、町に入るあたりの、アマナキ・レストランで降りるね」私が言うと、

「あら、いいね。あそこ美味しいのよ。私も一緒に降りようかな、おなかすいちゃった」

「じゃあ一緒にランチしますか」

「ふふ。いいね。裁判所で出会ったばかりの2人が、なぜかランチを一緒する。おかしなシチュエーション……」私たちはテーブルにつきながら、いたずらの共犯みたいに笑い合った。

ファレと海とファファフィネ

翌日はビーチ沿いの「ファレ」に泊まった。家というより空間と呼ぶのがふさわしい、その「バナナの葉で葺いた屋根の下」にせんべい布団を敷いて寝ることに、はじめは私もドキドキしていたが、すぐに慣れた。そのうちに安心感もおぼえるようになった。

「広い空間」につつまれていることが落ち着くのだった。風と波の音に守られている感覚。ヤシの葉が揺れ、虫が鳴き、自分の肌は壁で跳ね返らずに、海の向こうまで伸張していくようだった。1920年に出版された本『パパラギ』で著者が酋長ツイアビに、西洋風の家を「石の箱」と呼ばせる気持ちがよく分かった。

ポリネシア人の少女モアナは島の外の世界を見たいと願い、海の女神に会いたいと願い、海に出た……そう映画では描かれている。一方、いい大人の私は、島の外の世界で裁判を見ながら、自分自身が法曹を、世界をどうとらえていたかを知りたいと思うようになった。それは旅の当初の「海に出たい」「世界を知った気になりたい」からは、少し変化してきているような気がした。


ある夜のこと、ファレの中で晩酌をしながらサモアの観光冊子をぱらぱらめくっていると、「ミス・ファファフィネ・コンテスト」というページを見つけた。

「これ何？」と隣でビールを飲む姉さんに聞く。

「サモアは大家族の国。大きなファレに一族郎党で住んでるんだけど」彼女は説明する。

「男ばっかり生まれる家庭では、男の子を、『身の回りの世話をしてくれる女の子』として育てることもけっこうあってね——その子たちをファファフィネというんだけど——それが第3の性として認められているの。とはいえ、同性婚は認められていないようなんだけど」

オセアニアの島々の中で、同性婚ができるのは2019年時点ではニュージーランドだけだった。

「ミス・ファファファフィネ・コンテストというのは、ファファファフィネの中でその年一番美しい人を選ぶ大きなミスコンで、首相も来る」姉さんはつづけた。「ファファファフィネというジェンダーはたぶんこの国ではごく普通で、美人も多い。コンテストはそのあらわれだと思う」

観光冊子を読み進めると、「サモアには『ファファファフィネ協会』がある」とあった。「首相がファファファフィネ協会を後援していたこともあり、『第3の性』は広く受け入れられてきた。政府官僚やビジネスパーソンとして成功している者も多く、コミュニティの中で重要な地位を占める。その品格や存在感によって、ツーリズム業界でも重用されている」と。

思い返してみれば裁判傍聴後に「アマナキ」で一緒にランチをとったのは、ファファフィネの人だったのだろう。

「サモアには、『伝統的なマタイの掟が絶対』っていうすごく保守的な面がある一方で、こんな風に日本なんかよりずっと寛容で柔軟な面もある。生きやすいとか生きづらいとか、一概には言えないよね」姉さんは言った。蚊帳の外に、満天の星が透けて見えた。

朝が来た。明るく潮が満ちた海に、私はファレの上からTシャツを着たまま飛び込んだ。透明な波がひんやりと皮膚に気持ちいい。冷たい水とあたたかい水のあいだにはす

私もここにしばらく暮らしてみた。

りガラスのようなうすい境目があり、足元にはサンゴの紫や黄色が光っている。小さな魚たちはサンゴのすきまを行き来し、私は前日の海と同じメンツに「再会」する。しかし、再会と思うのは私だけで、この魚たちは夜のあいだも、ここにいたのだった。

このあいだのランチは楽しかったなと私は思い出した。「見る者」「見られる者」、「傍聴人」「被告人」のままだときっと交錯しなかった。でも魚の群れからはぐれて、ついとほんの少し沖に泳ぎ出ただけで、そこには鮮やかな世界が横たわっていた。そしてそれは、ずっとそこにある世界だった。

フィジー共和国

ヤサワ諸島／ラウトカ

フィジーで感じるインド

サモアからフィジーへ飛び、空港近くの町ナンディで初日に泊まったのはビジネスホテルだった。ホテルの壁には青い海の絵が飾ってあり、私はその絵を見て目を閉じた。耳をすますと、冷蔵庫の音がした。「石の箱」の中は、ひどく落ち着かなかった。

翌日、私は本島の港から船で4時間のヤサワ諸島の離島に行くことにした。ヤサワ諸島というのは『青い珊瑚礁』という映画のロケ地にもなった島々だ。

船旅のあいだ、海を見ていた。フィジーの海はサモアと同じくらい青が濃かったが、島のあいだを通り抜ける風はスイと澄んで、じめじめしたサモアの潮風とは手触りが違った。

「君はサモアから来たんだって？」ずどんとでかいアフロ頭の船長が聞く。

「うん」私は答えた。「ここはサモアより涼しく感じるよ」

「船から見えるこの島は火山島なんだ。だからいまここは、サモアの島よりも乾燥している。だけどフィジーだって、ヤサワ諸島だって、島によって地質も気候も全然違う。サンゴの島もあるし、熱帯雨林気候の島もある」

サモアとフィジーの距離はフライト時間にすると1時間50分ほど、このだだっ広い太平洋にあってはほとんど近所のようなものだ。しかしサモアは地理区分上「ポリネシア」に、フィジーは「メラネシア」に分けられる。どうやらポリネシアとメラネシアは先住民のルーツも違うと言われているらしい。フィジーに昔から住む人は肌の色が濃く、髪はアフロの人が多い。

もう1つ特徴的なのは、フィジーはインド系住民が多いことだ。150年も前、フィジーがイギリスの支配下にあった時代に、イギリスは砂糖プランテーションの労働者として多くの（同じくイギリスの植民地だった）インド人をフィジーに送り込んだ。その後、力を増したインド人に対抗してフィジー人優遇政策がとられたり、先住フィジー人とインド系フィジー人が対立したりする時期もあった。現在、先住フィジー人とインド系フィジー人の人口比は6対4らしい。

滞在中、インド系フィジー人のお宅のディナーに呼ばれたとき、おじいさんとおばあさんはヒンディー語で迎えてくれた。そしてインドカレーの作り方を教えてくれた。主食は、メラネシアやポリネシアでよく食べられる芋ではなく、インドで食べる米とロティだった。近海で釣れる魚ではなく、近くの土地で育った食肉をスパイスで料理して、みんなで手でこねて食べた。

「昔バングラデシュに住んでいたんです」と私が言うと、「あそこも昔はインドだった」おじいさんが言った。おじいさんのさらにおじいさん世代が渡ってきた150年前には、たしかにバングラデシュはイギリス領インドの一部だったのだ。

小さな島のもめごと

『青い珊瑚礁』の舞台・ヤサワ諸島に着いて数日が経ったある日のこと。よく晴れていて、風のさらさらとしたすがすがしい日だった。岩がちなこの島の砂浜を散歩していると、潮の引いた砂浜に岩が黒く光り、潮だまりには小さなカニが歩くのが見えた。

海沿いに小さな食堂を見つけた。家の軒下を開放して食堂にしているのだという。魚をメインに甘くないバナナと芋、ほうれん草のココナツ和えが添えられたフィジーの家庭料理を、老夫婦が出してくれた。

通りがかりの外国人を合わせて、8人もの大人数で食卓を囲んでいるとき、「ここ、隣の島に行くボートを出してくれるらしいよ」と1人が言った。「私もジョインしようかな」とほかの1人が言った。食堂の老夫婦と話して、あれよあれよという間に、私たち8人はみんなで隣の島に行くツアーを組んだ。出航は2日後になった。

ところがである。翌日、私たちが朝の散歩を終えて宿に戻ると、宿のオーナーらしき大男がテラスに座り、腕を組んで難しい顔をしている。

「隣の食堂に船を出させると聞いたが、これは問題だ」オーナーはすごんだ。「うちにもツアーがあるのに、お前たちはうちのツアーには参加しない。隣の食堂は、うちの宿から勝手に客を奪ったことになる。隣は、外国人を船に乗せる『許可』を持たないはずだ」

「ちょっと待って、私たち観光客は、地元のルールのことは分からない。そんなルールがあるということも、ほかのツアーで行ってはいけないという説明も、この宿では一言もなかったはずだ」私たちは抗議したが、オーナーはにべもない。

「この島にはこの島のやり方があるんだ。首長（Chief）に言いつけて、警察も呼ぶ。あの食堂はつぶす。この島では昔、ルールを守らず外国人の客をとって焼き討ちにあった家があるということを、知ってるか？　報いは受けるべきだ」

私たちは絶句した。「そこまでするのはおかしい。そもそも言いがかりじゃないか」……8人の観光客の誰もが思っていた。しかし私たちは一介の観光客で、無力だった。最終的に、「私たちは隣の食堂のツアーに参加するのはやめるから、食堂には手を出さないでくれ」と念を押すことで落ち着いた。

「だがこの宿は出る」

同じ島の反対側の岸にある宿に移ることにして、すぐに迎えの船を頼んだ。なぜ同じ島なのに船で向かうかというと、島の中には観光客が入れない村もあるからだ。島の反対側に行くためには歩きではなく、船で行く方が安全なのだ。この島は警戒心が強いのかもしれない。島や村の「秩序」は人を安全にもし、その逆にもする、と私は日本のことを少し思い出した。

島の反対側は別世界だった。そこは違う名前の村で、人々は違う教会に行き、違う有力者によって治められ、違う宿がビジネスをしていた。宿のオーナーのおかみさんに、その日に島の反対側で起こった事件の顚末(てんまつ)を話すと、「それは大変だったね」と私たちの肩を抱いた。「でも、あっちはあっち、こっちはこっちだ。あっちの理屈はこっちでは通じないから、もうあんたたちは安全だよ」

新しい宿のバンガローの前には長い砂浜が広がっていた。スノーケルマスクとフィン

白いサマードレスを着たアフロのフィジー人たちが聖歌を歌う。私も一緒に歌う。

をつけてTシャツのまま飛び込み、遠浅の海の棚になってすとんと落ちるところまで泳ぐと、色とりどりの魚たちの世界までやっと逃げ切ることができた。一緒にひとしきり泳いで砂浜でTシャツを絞っているところに、「今日、着いたの？」日光浴中の女性2人がしゃべりかけてきた。

「そうそう、いろいろあって、島の反対側からね」私も笑って答える。「あなたたちも？」

「そう。私たちね、ハネムーンなの」その女性カップルは言った。「先月、ニュージーランドで結婚したの」

「わあ！　おめでとう！」

「ありがとう！」

そうそう、ニュージーランドでは同性婚が認められているのだった。

「日曜日には教会でミサがあるから、あんたたちも興味あれば連れてってあげるわよ」

宿のおかみさんが言った。私もツーピースのフィジー風サマードレスを借りて、出かけることになった。正装だ。

教会までも小舟に乗り、海路で行った。小舟は波間にゆらゆらと揺れて、髪をふき上げる風が気持ちよかった。

教会の中に入ると白い服を着た女性たちが聖歌を歌い、子供たちが走り回っていた。圧倒的に女性が多い。出席している男性は数少なく、ネクタイをぴっちり締めたまじめそうな青年たちだ。そういえばサモアでも、「教会に来る人はまじめだと思われるし、来ないと怠け者だと思われる」と、姉さんが言っていた。教会での態度は、ご近所での評判に直結するらしい。まるで町内会なのだった。

フィジーの裁判官を見て思い出す

その後はトラブルもなく、私はヤサワ諸島での滞在中、ほとんどの時間をスノーケリングと読書と飲酒に費やし、すっかり満足して本島の港町ラウトカに戻った。裁判所に

裁判所の隣には「法律扶助委員会」があった。

行ったのはラウトカに戻った翌日のことだった。

　裁判所は、海を離れてラウトカの町を上ったところにある、3階建ての白い建物だった。大量の資料を胸に抱いて、黒い法服の女性が駆け出してくる。庭にはヤシの木が揺れ、青空のような芝生に小さな道がつけられている。短い外廊下を通って法廷を覗くと、刑事裁判が英語で行われていた。

　はじめに覗いた法廷の傍聴席は満員だった。裁判官が法壇で、「この事件は弁護人なしで進められます。あなたは法律扶助を申請できます。今日中に法律扶助委員会へお越しください」と言っている。裁判官は、人工毛髪のかつらをかぶっていた。キューティクルの剥がれたような、白に近い金髪の、人形っぽいかつらだった。それを見て私は、アフリカでも「かつら国」があったことを思い出した。それはたいてい、イギリスの植民地だったことのある国だった。昔の慣習がいまでも残っているのだ。

つい昨日まで、島ごと、地域ごとの「それぞれの秩序」というものを目の当たりにさせられていたのに、と私は思った。ヤサワ諸島では、小さな島の中でも村が違えば「あっちの理屈」になっていた。本島には、インド流を受け継ぐフィジー人がいた。そして、いま目の前にある慣習は、南太平洋もインド洋も越えて、アフリカと似ていた。いや、アフリカと似ているのではなく、「西洋・イギリスの影響を受けたアフリカの一部」と似ていた。

裁判所から出てくる法服のおそらく弁護士。

フィジーがイギリスに植民地化されたのは、宣教師が南太平洋のキリスト教化を進めた後のことだ。サマセット・モームの『雨』は、南太平洋へやってきたイギリス人（スコットランド人）宣教師の運命を、当時の宣教師たちが「西洋風の権威の姿かたち」を持ち込んだときの「きしみ」とともに描かれていた。


フィジーで私が見た裁判官と検察官のかつらはロール数が違った。次に入った法廷では、検察官のかつらは3、4段の縦ロールだった。

そこでは性犯罪の刑事裁判をやっていた。被告人は初老の男性で、傍聴席の一番前に座り、これから証人尋問が行われるようだった。弁護人は傍聴席の私から見て左側に2人。検察官が右側に1人。裁判官の方を向いて座っていた。

「証人尋問を始めます」裁判官が言った。「弁護人からは、被告人の家族への証人申請ですね？」

「はい」弁護人が手を挙げる。キリッとした女性で、かつらの下にあるのはインド系の顔立ちだ。

「アリバイの証拠を出す予定ですか？」

「はい」

「異議あり」髭の検察官が立ち上がった。彼もかつらを頭に載せている。「それではこの証人は、真実性の宣言（Verification）なく証拠を与えられることになります」

真実性の宣言とは、「新しい事実主張を出す場合には、その主張が真実であることを宣誓する用意がある旨を、訴答の書面の中に書き加えること」、それは、「往時のコモンロー（英米法）訴訟手続で用いられていた訴答技術の1つ」のようだ。

「席を外すように」弁護人と検察官の応酬を聞いた裁判官は、傍聴席から見て左側にいる法服姿の3人に対して言った。「あれは誰？」と私が隣のフィジー人に聞くと、「ジュラー（Juror〔直訳すると「陪審員」〕）だよ」との答え。それをそのときは「なるほど」と思って聞いていた。


ところが、フィジーに陪審制はあるのか、と思ってその後調べてみても、どうも出てこない。のみならず、「フィジーの陪審制は1961年に廃止された」という論文まで出てくる。「フィジー社会は人口が少ないために匿名性が低く、イギリス流の陪審制は上手くなじまない」などと書かれている。「同じようにイギリスから独立した『偉大な国々』も陪審制は採用しない方策をとった。東ナイジェリア、タンガニーカ、ウガンダ、ザンジバルなどがその例だ」とつづく。

調べていくうちに、どうやらフィジーはいま陪審員（Juror）制度ではなく、「裁判所補佐人（Assessor）」という制度をとっていると分かった。裁判所補佐人は、判断を下す陪審員と異なり、「意見を述べて裁判官を助けるだけで、決定には加わらない」のだという。「殺人事件には4人、そのほかの事件には3人の裁判所補佐人をつける」と資料にある。隣のフィジー人は、外国人の私が分かりやすいように「ジュラー（Juror）」という言葉を使ったのかもしれない。

フィジーでは法律家のあいだで、「裁判所補佐人制度を廃止すべきか存続すべきか」の議論があるというニュースも見た。「廃止すべき」という論調は弁護士のあいだで強いらしく、「この制度はもともと、現地の流儀を知らないヨーロッパ人陪審員が先住民（フィジー人）やインド人などの事件を判断するときに、公正な視点が必要だということで始まった。いまはもうその段階ではない」という。「それに、決定権を持たない存在は意味がない」

一方で、検察官たちのあいだでは、「つづけるべき」という論調が強いという。「裁判にあたって一般コミュニティの関与があることはいまも大事だし、何と言っても125年の歴史を持つこの制度は、裁判官のエリート主義への対抗策にもなる。とはいえ、制度の見直しも必要な時期に差し掛かっているのかもしれない」

フィジーには、先住民の伝統の上に、植民地時代のイギリス（含むインド）という法律の地層があるのだった。「独立後の法制度」が、125年の歴史を持つ「裁判所補佐人制度」を今後どう扱うか、注目である。

証人尋問

さて、「裁判所補佐人」たちが外で待機しているあいだ、性犯罪のアリバイを争うこの事件の証拠（証人）をどう取り扱うか、弁護人・検察官と裁判官のあいだでやり取りがあったようだった。その後、検察官が「異議を取り下げます」と言い、証人の喚問が決まった。証人は被告人の妻だった。弁護人が証人尋問を始める。

（証人①――被告人の妻）

弁護人　7月3日、あなたの夫（被告人）はどこにいましたか？

証人①　彼は家族の「お祈り」のあいだ、私たちと一緒にいました。一緒に歌を歌い、聖書を読み、祈りを捧げました。1時間くらいです。

弁護人　終わったのは？

証人①　午後8時です。

弁護人　その後は？
証人①　家族と一緒に夕食をとりました。
弁護人　何時までですか？
証人①　午後9時より少し後です。その後寝ました。
（……）
検察官　その日の夜7時半にはあなたの夫は家にいましたか？
証人①　いました。
検察官　あなたの夫はどこに座っていましたか？
証人①　私の娘の横です。
検察官　夜7時半より前にあなたの夫がどこにいたか、あなたは知らないのではないですか？
弁護人　異議あり。関連がありません。
（……）
弁護人　黒い車は、あなたとあなたの夫のものですか？
証人①　はい。
弁護人　その夜、車は家に駐車しましたか？

証人①　はい。

弁護人　その車が家を出たのは？

証人①　家を出たのは夫の運転で、お祈りの時間の前です。

弁護人　家から「フィールド」まではどのくらい遠いのですか？

証人①　車で5分から10分です。

（証人②——被告人の娘）

弁護人　7月4日のことを伺います。あなたは放課後、どうしていましたか？

証人②　私は午後4時半に学校が終わりました。6時から夕食の準備を始め、7時に夜のお祈りが始まりました。

弁護人　お父さん（被告人）は何時に帰ってきましたか？

証人②　お祈りの後に帰ってきました。

私はメモを取りながらハッとした。弁護人は、被告人の妻には7月3日のことを聞いているが、娘には7月4日のことを聞いている。犯行はどっちの日にあったのだろう。

証言台を見上げると、次は証人として警察官が登場した。

（証人③——警察官）

弁護人　証人であるあなたの肩書と所属を教えてください。

証人③　10年間警察官をやっています。××署です。

弁護人　警察署に被害者がやってきた日はいつでしたか？

証人③　7月5日です。

警察官の証人尋問はまだつづいていたが、その日、私はもう裁判所を出ないといけなかった。

後日談

さて話は変わるが、フィジーの首都スバには、南太平洋地域で最大の総合大学「南太平洋大学」がある。南太平洋大学が中心となり、20カ国の法律データベースを持つ「太平洋法律情報協会」が運営されていた。その中でフィジーの裁判所の過去の裁判例を覗いてみると、あれよあれよという間に、私が傍聴した事件の記録が出てきた。南太平洋地域は、日本よりよっぽど、裁判記録のデータベース化が進んでいたのである。

データベースは非常に読みやすかった。事件との「再会」にふるえながら読み進めるうち、靄が晴れるように、事件の全貌が明らかになっていった。あの日私が傍聴したのは「18歳未満の若者を、性的に暴行した」かどで起訴された被告人の事件だった。被告人はその事実を争っており、傍聴した日は審理の2日目でアリバイの主張をしていたらしい。

告訴人（被害を主張している）は、「7月3日の夜、午後6時45分以降に町のとある店を出た後、見知らぬ男に『黒い車』に連れ込まれ、犯行現場である『フィールド』で性的に暴行された」旨を、訴え出た。検察官は審理の過程で、告訴人の母、警察官、捜査官の3人を証人として呼んだ。それに対し、弁護人側は、被告人の妻、娘、そして捜査官を手伝った別の警察官の3人を証人申請。「被告人にはアリバイがあり、犯行は不可能」と主張した。被告人は自分に対する被告人質問（宣誓付きのもの）はしないことにしたらしい。

データベースの最後に、裁判官による「まとめ」が載っていた。そこでは、裁判官が「裁判所補佐人」向けに、この訴訟で問題となる論点を整理していた。

「アリバイの主張については、第1に、『被告人の妻が3日と証言している出来事は、

4日のことだったのではないか』を検討すること。第2に、『被害者によると犯行は午後6時45分以降であり、被告人の妻が家族の「お祈り」のあった日に被告人を見たのが午後7時半であることから、そのあいだに犯行が可能であったか』を検討すること」

「もしアリバイの事実が『真実（True）』または『真実かもしれない（Maybe True）』ならば、被告人を無罪にしなければならない。アリバイの事実が『虚偽（False）』であれば有罪の証拠として考慮していいが、それによって直ちに被告人が有罪になるわけではない旨を留意のこと」

当初は陪審制なのかも分からなかった私は、氷山の一角すら見えていなかった。しかしインターネット上のデータベースの存在によって、いまは晴れ間が見える。それを、「謎解きをしながら物語を読むようだ」と思った。一角にも満たない「とっかかり」から、のちに何かが見えることがあるのだ、ということは、なんだか分からないが励みになった。「鍵を手に入れて持っていると、いつか、開けられるときが来る」かもしれない、という励みに。

さて、ミステリーの結末を見るように、おそるおそる判決のページを開いた。するとそこには何とも無機質に「N氏（被告人）を有罪とする。15年の懲役に処する。13年間は仮釈放なし」とあった。判決には、被告人は「被告人」と書かれず、N氏（Mr. N）とあった。

「犯行が被害者に与えた深刻な影響、暴力的な手段が用いられたこと、犯行当時被害者が17歳でN氏が52歳であったことなどを考えると、N氏が初犯であることを考慮しても、この刑期を下らない」

「未決勾留日数1カ月を算入。実際の刑期は14年11カ月、12年11カ月の仮釈放なしとなる。不服申し立ては上訴裁判所（Fiji Court of Appeal）に30日のあいだにすること」

ニュージーランド

オークランド／クライストチャーチ

歴史と神話

ニュージーランド、またの名を「アオテアロア」へやってきた。

旅は元首都オークランドから始まる。海辺にある海洋博物館に行くと、海を越えて中央ポリネシアからニュージーランドにやってきたマオリの祖先の「最初の航海（Our Great Journey)」が紹介されていた。復元された当時のカヌーがあり、その横には「Waka」という言葉。これはマオリの言葉で、「カヌー」や「カヌーのクルー」「カヌーでやってきた人たちの子孫」を意味するらしい。

「最初の航海」は、歴史と神話のあいだにある、ポリネシアに住みついた人々の話だ。サモアでもフィジーでも聞いたし、これからトンガでも聞くことになる。「アオテアロア（ニュージーランド)」「ラパヌイ（イースター島)」「ハワイ」の三点を結んだ、「ポ

船で渡ってきた人のシンボルとして子供がよく描かれる。

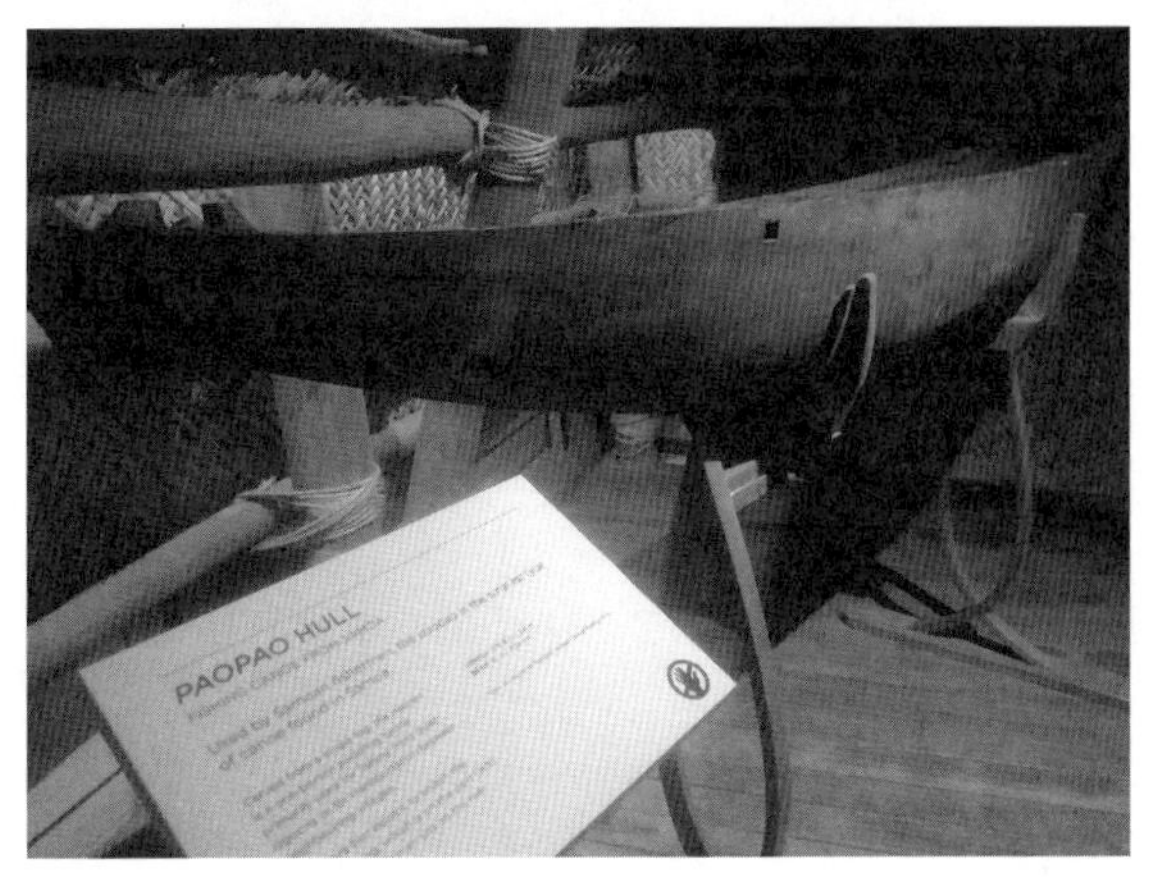

カヌーも復元されている。

リネシアという海世界」（ポリネシアという言葉は、19世紀にフランスの海軍提督が使い始めたものらしい）ではいまも、文化や神話が共有されているのだろうと想像する。

ポリネシア三角形の南端ニュージーランドに人間が入植したのは、諸説あるものの8世紀から13世紀ごろとされている。はじめにやってきた人たちの子孫がマオリで、ニュージーランドを「アオテアロア（白く長い雲のたなびく地）」と呼び、「僕たちは、神の島『ハワイキ』から、絶滅した鳥『モア』を追いかけて渡ってきた」と伝承の中では語られている。

南島

旅はオークランドのある北島から南島へと移る。

南島最大の町クライストチャーチに入ると、いたるところにオールブラックスのポスターが貼られていた。ラグビーのニュージーランド代表であった。

到着した夜、宿の近くの武骨なパブに入った。そこで「リブ」とだけ無造作に書いてある「本日のメニュー」を頼み、カウンターでサーバーを物色して「この町のビールを下さい」と言うと、カウンターのお姉さんはそれらしきビールを、泡もこってりと注いでくれた。

「繁盛してますね」私が言うと、

「今日はクイズ大会があるからね」お姉さんはビールを差し出す。「あんたも参加したら？」

運ばれてきたリブステーキが大きすぎて驚き、ビールがジューシーで驚き、クイズに人が続々と集まってくることに驚いた。目の前に座ったおじさんが気のいい人で、質問がテレビに映されるたびに声を張り上げて答えを言い、外れるとアーウ！　と言ってビールをがぶがぶ飲んだ。少しイギリスのパブを思い出し、そうだ、ここはイギリスっぽいのだ、と気づいた。ここ、「クライストチャーチ」という町の名は、「イギリスのオックスフォード大学にあるクライストチャーチカレッジ出身の人たちが19世

「追憶の橋」は霧の中で陰うつな雰囲気だ。

紀の移民団の中に多かった」ということで、つけられたらしい。

朝になって私たちは、町へ散歩に出かけた。川に架けられた「追憶の橋」には霧が立ち込め、小雨がぱらついていた。風に乗った霧が、白い空をかき回しているようだった。この橋には第一次世界大戦の戦死者の名前が記されていて、2011年の地震による倒壊後に建てられた仮設のクライストチャーチ大聖堂とはまた別の、ゆううつな趣きがあった。そういえば、近くの島国サモアは、第一次世界大戦後にドイツ領からニュージーランド委任統治領になっていたという。

灰色の川の向こうは石畳で、路面電車が走る音が穏やかに響いていた。近くに「LAW COURTS」と書かれた近代的な建物があり、大きなガラス扉から長いエスカレーターがはみ出してきていた。

裁判所

待ち合い所は天井の高い吹き抜けになっていて、黄色を温めたような色のソファに子供が座っている。窓際のスツールに腰かけてコーヒーを手に携帯をいじる若者もいた。吹き抜けに沿ってぐるりとめぐらされたコの字形の中廊下は、ちょっとホテルのバルコニーのようだった。

電光掲示板に、当日の裁判の一覧があった。「2:15PM」に始まる裁判が多い。「空港の電光掲示板でフライトを探すときのようだね」そう私は連れに話しかけたが、連れはずっと掲示板を見上げたままだった。空港にいると現実からも旅立っていくような感じがあるが、その「現実と非現実のはざま」と少し似ている。

電光掲示板を見ただけでは刑事法廷が分からなかったので、受付で聞いた。受付のお姉さんは慣れた対応だった。傍聴希望はよくあることなのかもしれない。裁判所のホームページには、「裁判所へ行くには」というコーナーのほか、「司法制度を学ぶ」という法教育のコーナーがあり、「裁判所訪問を随時受け入れている」と書いてあるくらいだ。

言われるがまま「第8法廷」に向かい、傍聴席に座った。横長の法廷に、傍聴席は2列しかない。傍聴席から見て右側に扉があり、そこから被告人が入ってきた。入ってきたと思うと、被告人の女性は質問をする裁判官に向かって、激しい剣幕で怒鳴った。裁判官はそれを淡々とたしなめた。ベリーショートの年配の裁判官で、彼女のピッピッとしたふるまいは教師のようであった。裁判官は被告人に対して、「あなたはドラッグとアルコールを使用し、それを反省していないようですね」と厳しく言った。被告人は無視してさらに怒鳴りつづけたが、内容はよく聞き取れなかった。

LAW COURTSと書かれた近代的な建物はすぐ見つかった。

と、そこで私の肩に手が置かれた。

「ここではメモが禁止されておりましてな」

後ろにガードマンが立っていた。有無を言わせぬ口調だ。

「あ……」

私はどうしたものかと考えながら、反射的にメモを閉じた。

「えーと……メモを取らなければ、もう少し見ていってもいいですか?」

「それは問題ありません」

ガードマンは私の手元を見つめながら、事務的に答えた。

そこで私のメモは途切れた。はじめの被告人が法廷を出て、次の男性被告人が入ってきたところで、私の記憶も途切れた……。

ステレオタイプとは分かっているが、ニュージーランドという国には、つい革新的な

まるでカフェのような、広々としたホール。

イメージを持ってしまう。実際、女性の選挙権が認められたのが世界で一番早かったり（日本と違って女性首相がすでに数人いたり）、同性婚がすでに法制化されていたりする。司法分野の取り組みも先進的で、マオリの紛争解決機関（ワイタンギ審判所）や環境裁判所、少年向けの裁判所がある。それから、「犯罪をどう裁くか」だけでなく、加害者や被害者のケアなど、「犯罪の後をどう扱うか」を、関係当事者を集めて「修復的」に決めるプロセス、「修復的司法」という考え方を進めているのもニュージーランドだという。

日本にない取り組みがいろいろある反面、メモを取ることが制限されていることとを、不思議に思った。とはいえこうした感覚は、私がニュージーランドに抱いた「革新」ステレオタイプの中に、「裁判所でメモを取る自由」も含めていただけなのかもしれない。

そんなことを思いながら、空港感のある吹き抜けのホールをエスカレーターで下り、近代的な「LAW COURTS」の建物を出た。

アイデンティティのこと

その後、調べていくうちにいろいろなことを知った。ニュージーランド国内に最高裁判所ができたのはつい最近、2004年のことらしい。それまでは、下級裁判所で審理された事件はイギリスの枢密院に上告することになっていたのだそうだ。裁判所の設置を決めた法律（2003年最高裁判所法）では、設置の目的として、「ニュージーランドが『独自の歴史と伝統を持つ』『独立した国家』であることを認識するために、国内に、ニュージーランド人の裁判官からなる上告裁判所を、新たに確立する」（3条）と記されていた。解説には、「この法が強調するのは、ニュージーランドの脱植民地化や国家のアイデンティティである」とあった。

クライストチャーチの本屋に足を運ぶと、大英博物館の「マンガ展」のカタログが注目図書のところにデンと置いてあって、表紙は日本の人気漫画『ゴールデンカムイ』だった。アイヌの人たちとマオリの人たちが口のまわりに彫っていた入れ墨が、少し似て見えた。

ニュージーランドは新閣僚としてマオリの女性を起用したというニュースも見た。また、副首相は同性愛者であることを公表しているが、「彼の起用は指導力を評価してのもので、性的指向に基づくものではない。ニュージーランドのよいところは、多くの場面でこうした質問があまり重要ではないことだ」とニュースはつづいた。

マオリの人たちは、イギリスの統治下に入った1840年に、「ワイタンギ条約」という条約を結んだ。しかしそのワイタンギ条約の誤訳だか解釈の違いだかで、条約締結の後も紛争が絶えず、「先住民マオリの権利をどう守るか」は、ずっと議論の対象だった。「ワイタンギ審判所」ができ、ワイタンギ条約にかかわる権利について審理が始められたのは、条約を結んでから100年以上を経た、1975年のことだった。

ニュージーランドの多様な紛争解決機関の中には、「マオリ土地裁判所」もある。こちらは1993年に制定された「マオリ土地法」にかかわる係争を解決する。

近隣のサモアでも、伝統的な「土地・権原裁判所（Land and Titles Court)」なるものが欧米型の裁判制度とは別に存在するように、欧米ルールでは判断しきれない分野として「土地」はよく出てくる。アフリカの土地慣習もそうだ。アフリカにも成文法と慣習に基づく法（というより、慣習〔Customary Practice〕）があり、「西洋流」と「現地流」の制度が併存しているところと、統合されているところがある。日本のことも思い出した。日本もまた、フランス・ドイツの大陸法や英米法を参考にしたり統合したりして、司法制度を作ったのだった。

……と、そこまで考えて、もしかしたら一番の問題は、私が「西洋流」と「現地流」を二項対立でとらえていたことなのかもしれないと気がついた。もちろん、二項対立の部分だってあるのかもしれない。マオリが権利を獲得するまでに長く苦難の歴史を歩んだのは、もともと「イギリス流と同じ権利を与えられていなかった」ためであるし。でもそもそも、その「権利」の概念はどこから始まったのだろう。

マオリの森へ

クライストチャーチを出て北島に戻り、マオリの村を訪れた。村の博物館に行くと、絶滅した鳥モアのはく製が展示されていた。村では男性や女性の踊る「ハカ」を見た。

踊りの後には、地熱でまるまる蒸し焼きにした豚を、地ビールとともに食べた。

「マオリの人々には土地や自然物を所有するという概念がないのだ。集団のみんなで土地なり自然物なりを使っているだけだ」

案内してくれたマオリ男性は、そう話した。ここは誰の土地か、と誰かが線引きを始めたら、そこから「紛争」になる。それならば裁判という仕組みって、それに対してとりあえずの判断をする以上に、いったい何ができるのだろうか。だいたい裁判で判断できるルールだって絶対的なものではないし。しょせん人間の作ったものだし。

「神話を共有しているのは私たちだって同じではないか」私はふと思い当たった。私たちが「普遍的な法」を希求するのだって、近代ヨーロッパ法らしいあり方にすぎないし、「成文法」を希求するのは主に西欧の「大陸法」の系譜を継ぐ国家の側ばかり（日本の法曹もまた、法律や制度を学ぶ過程で、「書かれた『成文法』と、それに沿って解釈するやり方」を学ぶ）。

所有権の概念だって、神話にすぎない。国境だって、制度だって、制度の前提にある法哲学だって……と言い始めると、きりがない。神話は道しるべを提供するが、それは道しるべにすぎない。それは私たちが歩く道そのものではない。

「誰が地図を作った？」と私は思った。世界の外縁なんて目に見えない。「しょせん人間の作ったものだ」そしてまた、私の越えてきた国境も、しょせん人間の作った地図の上にしかないのだ。

マオリの村で、ごちそうを食べ終わった私たちは夜の散歩に出かけた。雑木林を歩き、マオリの人たちが歌を歌ってカヌーで川を下るのを、夜風に吹かれながら見た。樹々に光る虫がキラキラと星のようにからまって輝き、私たちは空を見上げて林を歩いた。

「私たちの先祖も、この小川で歌を歌いながらカヌーを漕いでいたのです」

案内人が言った。星と光る虫の光は、ガラスくずのように川面に落ちていく。ハカに似た雄々しい歌声が、川面をふるわせてさざなみを立てた。カヌーを漕ぐ彼らは、星と、歌を道しるべにしていたのだ、きっと。それなら私の道しるべはいったい何だろうなどと考える。

トンガ王国

トンガタプ島／ハアパイ諸島

カヴァを飲み、歌う

冬のニュージーランドを出てトンガに来ると、海風がぬるくて、妙に安心するのだった。

埠頭の桟橋を地元の若者が散歩し、市場の前ではおじさんたちがボードゲームに興じている。夕暮れが近づくころ、雲の広がった空がとろとろと海に溶け込み、小さく星を宿し始めた。町の人たちはこれから始まるラグビーワールドカップの話をしていた。

下宿先に帰ると庭先で宴会が催されていた。小さなプラスチックの白テーブルを囲んで、下宿先のお父さんとその仲間たち3人が、ギターやウクレレを弾きながら飲んでいる。仲間の1人が、ゆるい泥の色をした水を、洗面器の上にぼさぼさした網を張って濾していた。その洗面器の汁は、ココナツの殻でできたおわんですくわれて回ってくる。

カヴァと弦楽器はトンガの宴会に欠かせない。

「カヴァだ」おじさんは言った。茶色くて、泥のような味がする。別に美味しくはない。うーん、普通ですね……などと言いながら次に回すと、舌にぴりぴりと、細かな振動のような痺れが来て、なんだかまったりとしてきた。

「俺たち地元の人間はな、ビールとかワインなんて飲まん。カヴァを飲むのよ」お父さんの仲間がガハハと笑った。カヴァという植物の根っこから作られた飲み物は、ポリネシア地域の一部でいまも、宴会や儀式に欠かせない。

誰からともなく歌を歌い始めた。ゆったりとしたリズムに、シンプルな旋律、のびのびとした歌声。この人たちがあの、海を越えてきた人たちなのだ。こんな都会風の家の庭でいまも彼らが歌っているのは、大海原でカヌーを漕ぐWakaたちの歌なのだ。彼らの祖先が「星を道しるべ」に渡ってきた暗い夜――この共通の記憶を「思い出す」と私はちょっと泣きそうになった。

翌日の晩、下宿先に帰ると、庭先には下宿先の娘とその仲間たちが陣取っていた。昨日と同じ白テーブルに、人数も昨日と同じ、4人組である。今度は20代の女性陣4人と一緒にワインを飲むことになった。彼女らは法務省に勤めている同僚らしい。4人のうちの1人は、最高裁判所（Supreme Court）で通訳官を務める。

「私たちカヴァとか飲まないから。ワインは赤白あるよ、どっちがいい？」彼女らは笑って聞いた。

海の近くの裁判所

翌朝、町の中心部までバスに乗って最高裁判所に行った。コの字形になった平屋の庭から見上げた青空には雲ひとつなく、平らに晴れている。

ブーゲンビリアに似た形の赤い花が、バナナの葉の裏でちらちらと揺れていた。ここは南半球、トンガのトンガタプ島は、サモアよりも南にあって、ずいぶん涼しい。バナナナの葉ずれも、むんと湿った空気の中にくぐもって響くサモアと、初夏の陽気にさらさらと鳴るトンガとでは、なんだか耳への当たり方が違う。「サモア・フィジー・トンガ」をつなげると傾いた三角形を描くが、そのうちのサモアとトンガは東京と北海道くらいの距離感なのだった。

裁判所の廊下をキョロキョロしながら歩いていると、昨日大いに飲んだ女子のうちの1人がシャキッとした恰好で私を手招きして、「民事訴訟を向こうでやってるよ、ビデオ通話で証人尋問するよ」と教えてくれた。

「ビデオ通話オッケーなんだ?」と私が聞くと、

「うんうん。証人はアメリカからつなぐの」と彼女。

「日本より進んでる! 日本ではやっと2020年から限定的にビデオ通話が行われる」

最高裁判所の第1法廷で民事訴訟が行われていた。シュッとした雰囲気の(スティーブ・ジョブズ風のインテリ眼鏡に髭・細面の)裁判官が、羊毛みたいにモフモフした白いかつらをかぶって、法壇に腰かけていた。「やはりかつら」私は思った。

傍聴席に腰を下ろしたときには、すでにビデオ通話が始まっていた。ビデオ画面は裁判官の方を向いていたので、傍聴席の私は直接画面を見ることができない。が、声は少

初夏の日差しの中で、中庭は校庭のようだ。

しひび割れながらも、クリアに響いてきた。「進んでいるな」というのが最初の感想。

「書証の確認を先にしましたので、これより証人尋問に移ってください」裁判官は言った。弁護士が立ち上がり、証人こと「アメリカの大学教授」に対して、ビデオ越しの質問を始めた。

「これから、原告の代理人である私から、アテニシ大学に対する大学認定の正当性についての質問をします。その参考とするために、まずはアメリカでの大学の評価方法、アセスメントについて伺います。アメリカでは大学を認定する手続はどうやりますか？」

証人は、アメリカでの大学認定の手続

を、丁寧に語り始めた。学部の編成、授業内容、シラバス、教授陣、学生を集める方法、大学の変遷の歴史。そして、「カレッジ（College）ではなく総合大学（University）と呼ばれるために必要なプログラムは何か」などなど。

これは、大学と大学認定機関のあいだの訴訟だった。アテニシ大学は、１９７５年にトンガで設立されたアテニシ大学という私立大学が原告だ。アテニシ大学は、「トンガ国立認定機構（TNQAB）」という認定機関が２００４年から開始した仕組みによって、「大学」としての認定を取り消され、「この認定の抹消はおかしい」と提訴したのだった。

「いままで、この機構から認定をもらう必要があるのは、専門学校だけのはずだった。なのに、設立後30年も経った後に、認定機関が突然仕組みを変えた。これは後出しじゃんけんだ」原告側の弁護士に話を聞きに行ったら説明してくれた。「それで、大学に対する認定の出し方は世界では一般的にどうなっているか、アメリカの例を聞いた。それが、今日の証人尋問の趣旨です」

下宿先に帰ってそこのお父さんに訴訟の話をすると、「なに!?」と彼は目を見開いた。「そんな訴訟をやっていたとは！　わしもアテニシ大卒だ。設立50年の、トンガの私立トップ大学なんだぞ……」実際、アテニシ大学は官僚を多く輩出する名門私立大学で、その名前はギリシャの「アテネ」からつけられたということを後で知った。看板学科は哲学科らしい。

喪

トンガ滞在5日目に、首相が死んだ。首都の中心部には紫色のベールがかけられ、正装の人たちがせわしなく動き回るようになった。町は突如として「喪」の準備に追われ始めた。

ところでトンガの正装は、アダンやハイビスカスの葉で編まれた腰みのだ。細切れになった相撲のまわしのようなものもあれば、着物の帯のようにたっぷりと広い幅のものもある。筒状のものも、花かごのようなものもある。体格のよいトンガ人たちが老若男女問わず、この腰みのをつけて町を闊歩するのはずいぶんと様になった。正装の人々になんとなくついていくと、小さな祠で弔問客が記帳している。記帳ノートの上には首相の顔写真が飾ってあり、腰みのが進化しすぎてもはや蝶の翅(はね)をかついだようなおばちゃんが、前に並んでいた。彼女にならって私も記帳してみる。名前・所属・メッセージの欄があった。人口10万人の国だけあって、「所属」の欄には××ファミリーと書かれていた。国民みんなファミリーみたいなものだ。

滞在中に死去した首相。

そのまましばらく人波に流されていき、巨大なテントの中に座り込んだ。中庭でお偉いさんがスピーチをしていた。スピーチのあいまに明るい讃美歌の音楽が鳴り始めると、中庭はだんだんライブの様相を呈してきた。

　こちらの人たちの声量は半端ではない。地面の上に直接カーペットを敷いて座っているから、声が反響して地鳴りのような震動が起こった。前も後ろも右も左も歌っている。キョロキョロしていると、左隣のおばさんが聖歌集を見せてくれた。音階に歌詞が振ってあるものだ。私も声を張り上げて歌ってみた。まわりの大声の中でちょっと音を外しても気にならなかった。

　ときおりどこからか、むせび泣く声が聞こえた。一方で、歌うとき以外は退屈そうに聖歌集をいじる人も見た。終わるころにはすっかり夜で、私たちは広場の出口で配られたペットボトルの水を受け取って下宿先に帰った。ラベルには、首相の名前と顔が入っていた。

下宿先に帰ってそこのお母さんに、告別式の話をした。

「私はその首相を支持していないの」彼女は言った。「彼になってからというものバラマキ政治になって、汚職がひどくてね。トンガは10万人の国だから、ちょっとばらまくだけで家族も割れるわけ。それに、彼の政治は王族を軽視するものだったと思うの」

トンガはいまも王国だ。議会には王族と、9人の貴族（Noble）の席がある。

もう1つの裁判とトンガの裁判官たち

私が裁判所で見たまた別の事件は、トンガの国籍を取得した中国人（つまり中国系トンガ人）たちの事件だった。「この事件は、マネーロンダリングの刑事事件。彼らが出国時、大金を持ち出したのに申告しなかったかどで起訴されている」近くの弁護士が教えてくれた。

裁判官は英語、被告人はトンガ語で、法廷通訳越しにコミュニケーションをとっていた。

「きちんと正確な額を申告しなければなりません」裁判官は諭した。「全部取られることもあるんですからね」罰金はすでに支払われていたようで、「今日、結審後にパスポートを返却する」というアナウンスがなされた。中国人たちはそのまま法廷の外へ出ていった。

次の被告人はトンガ人男性だった。彼が証言台の方に歩いていくと、「私はあなたのことちゃんと憶えていますからね」と裁判官は強い口調で説教を始めた。男性は40代で、先ほどの事件の被告人と同じくトンガ語でしゃべり、法廷通訳（の友人）が英語に訳した。今回も裁判官は英語でしゃべった。

この裁判官は色の白いおじいさんで、感情的な諭すような口調、鼻まで落ちた眼鏡。牧師さん風である。裁判官が頭をぽりぽりと掻くとかつらがずれ、モフモフのクッションが頭に斜めに載っかっているようになった。それでも裁判官は気にせず話しつづけている。バラエティ番組『笑ってはいけない』のようにこらえているのは、私だけであった。

「私が裁判官として2012年にトンガの最高裁――つまりここに赴任したときも、あなたの事件を担当しました。憶えていますか？　あなた、あのときもドラッグの事件だった」おじいさん裁判官はつづける。

「記録を見ると、それからもいろいろあったようですね。2017年に覚せい剤を大量に所持していたという記録もある。今回は2種類の覚せい剤の所持で、法定刑は18カ月から24カ月。懲役21カ月になる見込みでしたが、諸般の事情にかんがみて3カ月減らして、18カ月とします。何か言いたいことは?」

「すみません」被告人がトンガ語で言ったのが英語に訳される。「ほかにもいろいろな事実があるんですが、お金がないから弁護人をつけられなかった。だから私に有利な証拠や資料を持ってこられなかったんです」

「あなたはそうやって言い訳するのが上手いようだけど」裁判官はぴしゃりと言った。「いい気持ちはしませんよ(I'm annoyed)、こうしてあなたが何度も私の前にやってくることは」

法廷はエアコンの利きすぎで寒く、メモを取る私の指先もかじかんできた。

トンガの最高裁判所が、コモンウェルス(56カ国が加盟するイギリス連邦)の国々から外国人の裁判官を募集していると知ったのは、その後だった。2018年からトンガ人の裁判官も入るようになり、いまは外国籍の裁判官2人(オーストラリア人裁判官とニュージーランド人裁判官)とトンガ人裁判官1人の3人で構成されている。最初のスティーブ・ジョブズがオーストラリア人で、2人目の牧師さんがニュージーランド人なのだそうだ。法務省は今後すべての裁判官をトンガ人にするという方針を立てたらしい。

「土地・権原裁判所」のあるサモアと似て、トンガにも「土地裁判所」があるが、土地裁判所に訴えられる事件も、普通に先ほどの3人の裁判官によって審理される（フィジーと同じで決定権を持たない裁判所補佐人（Assessor）も存在するらしいが、見なかった）。

ちなみにトンガの裁判は、はじめは治安判事裁判所（Magistrates' Court）で行われ、次に最高裁判所（Supreme Court）、その後に上訴裁判所（Court of Appeal）に進む三審制だという。

トンガは太平洋諸国の中で唯一、列強の植民地化時代にも一応の独立を守りつづけた国で、また、世界でも指折りの親日国と言われる。とはいえ、エチオピアで聞いたような「日本化（Japanization）」の話は聞かない。ここで取り入れられているのはコモンウエルスの制度だ。

「ぐるっと回って戻ってきた」……そんな思いがふと頭をよぎった。

ハアパイ諸島へ

トンガはおよそ170の島からなる国で、首都から北へ飛ぶとハアパイ諸島があった。

雲がかかっても虹がかかっても、島の空気はまったりと心地よい。

　トンガ航空は、搭乗前に体重を量り、体重に合わせて乗客の席を決める。ぶうんぶうんと回る9枚のプロペラの向こうには海が見えた。まっさらな群青色の中に、ところどころ白い波が寄せる。それはリーフであったり、石ころのように小さな島のかけらであったりする。私は翼の上に座って、綿雲のしっぽにひらひらと顔を撫でられ、空を飛んでいる夢を見た。この空を、どこまで泳いでいけるだろうか。もっと行くとサモアにたどり着く。円環を描いて私はまた、サモアの夜の雨の夢に戻っている。
　ザトウクジラは水面という境界をぷつんと越えて、海の世界と空の世界を行き来していた。

「近っ！　怖っ！」私はスノーケルマスクに息を吐きながら思った。水面に顔をつけると、まるでせり上がった海底の山のような、潜水艦のような、巨大な黒い影が見えた。それが、母クジラだった。さっきまで海の中と外を行き来していた「大きなクジラ」は赤ちゃんクジラにすぎず、この潜水艦こそが大海原を縦横無尽に回遊する大人クジラなのだった。

波のはじける音がした。ハアパイの空は抜けるように青く、海はどこまでも透きとおって、あの母子クジラが旅してきた——私が旅してきた——海の裏側までも見えてしまいそうだった。「ハアパイ」の語源はハワイと同じ、「黄泉の世界／先祖の世界」を示す「ハワイキ／ワイ」なのだと私はここで知った。

クジラは海を吸い込み、私の記憶も吸い込んだ。腹の中で私は、自分の旅路を思い返した。アフリカのサバンナを駆けるスプリングボックのことを思い出した。私が「トンガのこと」として語るのは、いろいろな非トンガの混ざったものでもあると思った。それは南太平洋界隈のことであったり、西洋のことであったり、日本のことであったり、アジアやアフリカのことであったりした。

国境のないサバンナは動物たちをいっしょくたに棲まわせ、海ではクジラが腹に海のごった煮を持っている。私もまた、世界の裁判所を腹の中の引き出しに収めたつもりで、

クジラが行き来している。私も行き来している。

ぜんぶ混ぜ合わせて食べている。場所だけでなく時間も一緒に食べている。

「海に出たい、そこに何が待つか分からなくても」……映画『モアナと伝説の海』で少女モアナは、新しい世界を求めて船出して、祖先の世界へ足を踏み入れた。私もまた、祖先の世界へ、クジラの腹の中へ出かけた。海を渡る人たちの世界はつながっていて、私もその中に住んでいた。この旅は、私が神話から少しでも自由になるための旅だった。そしてそれはまだ、始まりにすぎないのだった。

終章

旅は続く

The Journey Never Ends

- マサイランド（ケニア）
- 東京（日本）
- ロンドン（イギリス）

旅は続く

マサイランド（ケニア）／東京（日本）／ロンドン（イギリス）

日本で育ち、日本で法曹になるための教育を受けた。法律の体系は、（その中に六法あるけど）ひとつだと思っていた。でもそうではなかった。

ケニア・マサイ――「裁判は恨みしか残さない」

「殺人を犯した者は牛49頭で償う。過失致死なら29頭。これはその人が払えなくても、その子々孫々が被害者の家に払っていかなければならない。刑務所に送られるよりもずっと応える。次世代までの恥になるからだ」

マサイ族の首長（チーフ）と長老が口を揃えて言った。

「ケニアの刑法には殺人は死刑で償うと規定されているが？（203条、204条）」
と私は聞いた。裁判手続は……？

2021年、私がケニアとタンザニアの国境沿いの町にいたのは、ケニアやタンザニアで「住民が司法に対しどのくらいアクセスできるか」を調査するプロジェクトのためだった。この地域に初めて来たときにはサファリツアーでライオンやキリンを見たことを思い出す。

広いマサイランドをヌーのように移動しながら暮らす牧畜民のマサイ族の長老たちに、私はインタビューしていた。

まず私が尋ねたのは、刑事事件や家族のあいだで紛争が起こったときに彼らはどうやって「公式な司法」である近所の町の裁判所に持ち込むのか、だった。日本でいう「司法アクセス」とは、裁判所が遠いか近いかとか、裁判費用が高いか安いかとかのことだ。ところが彼らの答えは予期せぬものだった。

「犯罪の後も彼らは同じ村で生きていく。裁判所に行って白黒つけたって、後に残るのは恨みだけ。裁判なんてしても平和はもたらされないよ（Court brings no peace）」

「暴行・傷害の罪にはヤギ1頭。侮辱の罪は両成敗、両者が同じ羊の油を飲んで仲直りする。マサイでは昔からそう決まっている」

マサイはマサイのやり方で処分を決める。裁判ではなくて慣習に基づく手続で決めることをケニアでは憲法上 Alternative Justice System（代替的司法制度）と呼び、日本でもＡＤＲ（Alternative Dispute Resolution／裁判外紛争解決手続）を使っているが、ここではマサイの慣習は Alternative（代替的、二次的）などではない。Alternative というか二次的なのは、私たちが「公的な裁判所」と呼んでいる司法の方なのである。

つまりマサイでは、もめ事が起こったときには一次的にはマサイの慣習で解決を図る。裁定を下すのは長老や首長だ。慣習がうまく適用できないときとか、処分が慣習化されていない犯罪に対しての運用を迷ったときにやっと、彼らは「次なる紛争解決手段」である裁判所に処分を託すらしい。

「どういう犯罪があるの？」

私が聞くと、

「例えば子供に対する犯罪なんかは最近の問題だね」

と、首長は答えた。

「家族の問題とか相続の問題は？」

「女性には離婚を請求する権利も土地や牛を相続する権利もないから」

首長はつづける。

「そもそも問題は存在しないのだよ。マサイランドは厳格な長男相続だから、ここでは土地相続の問題は起こらない。だから彼女らは慣習も裁判も利用しないのだよ」

ところがその後、NGOで働くマサイ女性3人に会いに行くと、

「私たちマサイの女性に土地財産相続の権利が認められていないからと言って、問題がないわけではない」

と話してくれた。

「紛争解決を担っている首長や長老は男性で、彼らは村の統治権も持っている。慣習で認められていない権利を私たちに認めることもないし、三権分立の概念なんてないから、仕組みは変わらない。制度の問題です」

「子供のうちに結婚させられる児童婚も、ジェンダーに基づく暴力も、男性で占められている首長たちに対して訴えることはなかなか難しい。こういう村社会内部の問題の中には、裁判所とか、行政の児童担当官とか、そういう『外部の公的な司法機関』に介入してもらわないといけない事件がたくさんある」

彼女たちのNGOも、児童担当官や弁護士と連携して被害ケースに介入しているとい

う。

「だから私たちはトラブルメーカー（'Women who make troubles.'）と思われているのよ」１人が笑った。私は10年前に見たレイディ・ジャスティスの裁判を思い出した。「私はどれだけバカげていると言われても自分たちの権利を主張しつづけてきたの」

日本――社会通念

衝撃だった。何が衝撃だったかって、マサイの村社会の論理が法律に優先していることよりも、この論理がほぼそのまま日本にも当てはまるんじゃないかと気づいたことだった。「トラブルメーカー」は日本の文脈に直すと「わきまえない女たち」になるだろう。マサイの「代替的司法制度」を遠い世界のことと思って面白がった自分を恥じた。

たしかに、日本には法典の形でさまざまに編纂された法律がある。六法（その他の法律）とは別に法体系があってそれが優先されるというような形ではない。

しかし、だ。日本もまた、「社会規範」や「社会的価値」といった慣習ワードを使って、私が「一元的」だと思っていた法制度を広く解釈している。

裁判所が大好きなワードに「社会通念」がある。「個々人の認識の集合又はその平均値でなく、これを超えた集団意識」とされていて（昭和32年3月13日、チャタレー事件最高裁大法廷判決）、広く社会規範のことをあらわし、裁判官はこれをよく法解釈の道具として判決に使う。最近では「社会通念」のバリエーションも増え、「国民感情」や「道義観念」、「国民の理解」など、あの手この手で使われているし、慣習を言い換えた「国の伝統」も人気フレーズだ。

裁判所によると、「国の伝統や国民感情を含めた社会状況」を考慮すると選択的夫婦別姓を認めないのは問題ないし（令和3年6月23日最高裁大法廷判決、深山卓也・岡村和美・長嶺安政各裁判官補足意見）、同じく「国の伝統や国民感情を含めた社会状況における種々の要因」を考慮すると、同性婚が認められないのは憲法違反ではない。婚姻意思とは「その時代の社会通念に従って婚姻とみられるような関係を形成する意思」であるという昭和22年当時の考え方は受け継がれているらしい（令和4年6月20日大阪地裁判決）。

「大多数の国民が共有する性的道義観念」に基づくと、「大多数の国民の理解」が得られないセックスワーカーをCOVID-19流行中の持続化給付金の給付対象から除外しても問題ない。らしい（令和4年6月30日東京地裁判決、令和5年10月5日東京高裁判決)。そうやって日本では、「公式な司法制度」の判断の内側に慣習による解釈を包含している。

刑事事件では、情状酌量が検討されるときに、「被告人は(マスコミ報道等による)十分な社会的制裁を受けている」、だから量刑を軽くする、という定型文言がある。法曹の卵が司法研修所で習う定型文言だ。行為に対する刑罰に飽き足らず、多くの事件で被告人に(被疑者段階でも)「社会的制裁」が加えられている。犯罪・刑罰は法律で決まっていないといけないはずだが(罪刑法定主義)、ネットでリンチされたり会社を解雇されたり家族のもとにマスコミが押しかけたり、事実上、慣習上の「罰」を受ける。私たちが「犯罪者」だと疑われるのが怖いのは、前科がつくこと自体が怖いのではなく、それが事実上、慣習上の制裁を受け、「次世代までの恥になるから」。

日本――個人の人権

久しぶりに行った東京地方裁判所では、被疑者として56時間、検察官から侮辱的な取り調べを受けた人が「黙秘権を侵害された」と国を訴えていた。その日は結審の日で、弁護人が進み出て言い放った。

「彼は、56時間超の取り調べの間、検察官にどんなに罵詈雑言を吐かれても、強靭な精神力で耐えただけだ。黙秘権を行使したわけではない。その人の精神力に依拠するような状況は、人権などではない」

それは日本で初めて、民事裁判の法廷で取り調べの映像が流された訴訟だった。


「挨拶ぐらいしろよ」そのビデオの中で検察官は被疑者に命令した。

「あなたの中学校の成績を見ていたら、あんまり数学とか理科とか、理系的なものが得意じゃなかったみたいだねえ」……検察官は事件の取り調べと無関係の被疑者の中学校時代の成績を取り寄せ、「論理性がさあ、なんかずれてんだよなあ」とバカにしていた。

被疑者が「トイレに行きます」と言うと、「『トイレに行きます』じゃなくて、『トイレに行きたいです』でしょ」と指図した。4分後に被疑者がトイレから戻ると「『取り調べ中断してすいませんでした』とか言うんじゃねぇの、普通」と言った。

普通、被疑者は完全に服従しないといけないらしい。「普通」。

「ガキなんだよ」「鬱陶しい」と人格攻撃はずっとつづいた。被疑者がサンドバッグになって無言で耐え続ける動画が流れた。

ここまでひどいのですね、と、ビデオを見た人は口々に言った。これでもまだましだ、と言う人もいた。「逮捕されたら我慢すべき」という論調にならないかという心配もあった。世間は捜査機関の側に同調して、「ショー」として訴訟を眺めることも多いからだ。

「だけど、ビデオが公開されたら、これはさすがにひどいと、自分を被疑者に置き換えて想像する人の声がたくさん届いた」弁護団の1人は言った。1人の人間が、権力を背負った検察官にここまでボコボコにされ得る、ということは、象徴的な光景だった。

人権はどんな極悪非道の人間にも認められているものだ。だけど私たちはつい、「逮捕されたってことはその人も悪いことしたんでしょ」とか、「普通、被疑者はおとなしくしてた方がいいんじゃないの」とか、逆に「いい人なのにかわいそう」とか、どこかで誰かが設定した「常識」に当てはめて、「その人は社会的に守られるべきか」を議論してしまう。罵倒されつづけ、権力に徹底的に尊厳をすりつぶされるくらいまで行かないと「個人の人権」――「どんな個人であろうと黙秘権を含む基本的な人権を持っていること」に気づかない。それもそのはずだ。つい80年前まで家制度が個々人の意思決定の自由に勝っていた日本ではまだ、「個人」というとらえ方は新しいのだ。

ロンドン——今、法人類学の研究をしているのは

「東アフリカのケニアと日本の比較研究をしたいのだ」と言うと、日本では「?」という反応をされる。それで博士論文を書くのだと言うと、どこ目指してるわけ? などという趣旨不明の質問をされたりする。

しかしロンドンでは、一度もその質問をされたことがない。指導教官には「比較をやりたいなら、同じ大きさのリンゴを選びなさい」と言われた。「どういう共通項があり、どういう違いに目を向けたいのか。どうしてこのリンゴを選んだかを答えられるようにしなさい」と。

春になると陽キャになるロンドンっ子に囲まれ、ロンドンの真ん中で春の澄んだ日差しを浴びながら考える。大英図書館の小さな外庭では若者が音楽をかき流し、年配者はコーヒーを手に日光浴をする。建物に入るとうす暗く涼しく、吹き抜けに飾られたガラス張りの展示の中にこれでもかと、古書が積み上げられている。

1億7000万点の保存資料(2500万冊超の蔵書)の中にはマグナ・カルタ(1

215年）の原本がある。針で書かれたような暗号めいた小さな文字が羊皮紙に走っているのを、うす暗い部屋で見る。13世紀に制定されたイギリス憲法のはしりであり、日本でも法律を学ぶ人間は、少なくともその名前と概要くらいは知っている。

しかし、同時代の13世紀に作られた西アフリカ・マリの憲法クルカン・フーガ（Kouroukan Fouga）のことを知っている法律関係者に、私は日本で会ったことがない。クルカン・フーガもまた人権宣言であるが、コミュナルな人権だ（2009年、ユネスコの人類の無形文化遺産の代表リストに登録）。個人の人権尊重をうたう世界人権宣言の制定には、日本もアフリカ各国もどこも加わっていない。

マサイの男性首長や長老たちが拠って立つ慣習も、日本の裁判官が好んで使う「社会通念」も、どちらもある一定の期間、社会の中で（誰かの利となり）共有されてきた「規範」から始まる。根底にあるのは、「家父長制度」と「個人の人権ではなくコミュナルな人権の優先」のコンボだ。ケニアの近隣国ルワンダでは「法」と「Order（命令／慣例）」が同じ現地語（キニアルワンダ語で「Itegeko」）であらわされているというが、日本でもこの2つはよく区別されていないように思う。

ケニアはイギリスの植民地となっていた1890年代からイギリス法の影響を受け始

大英図書館。

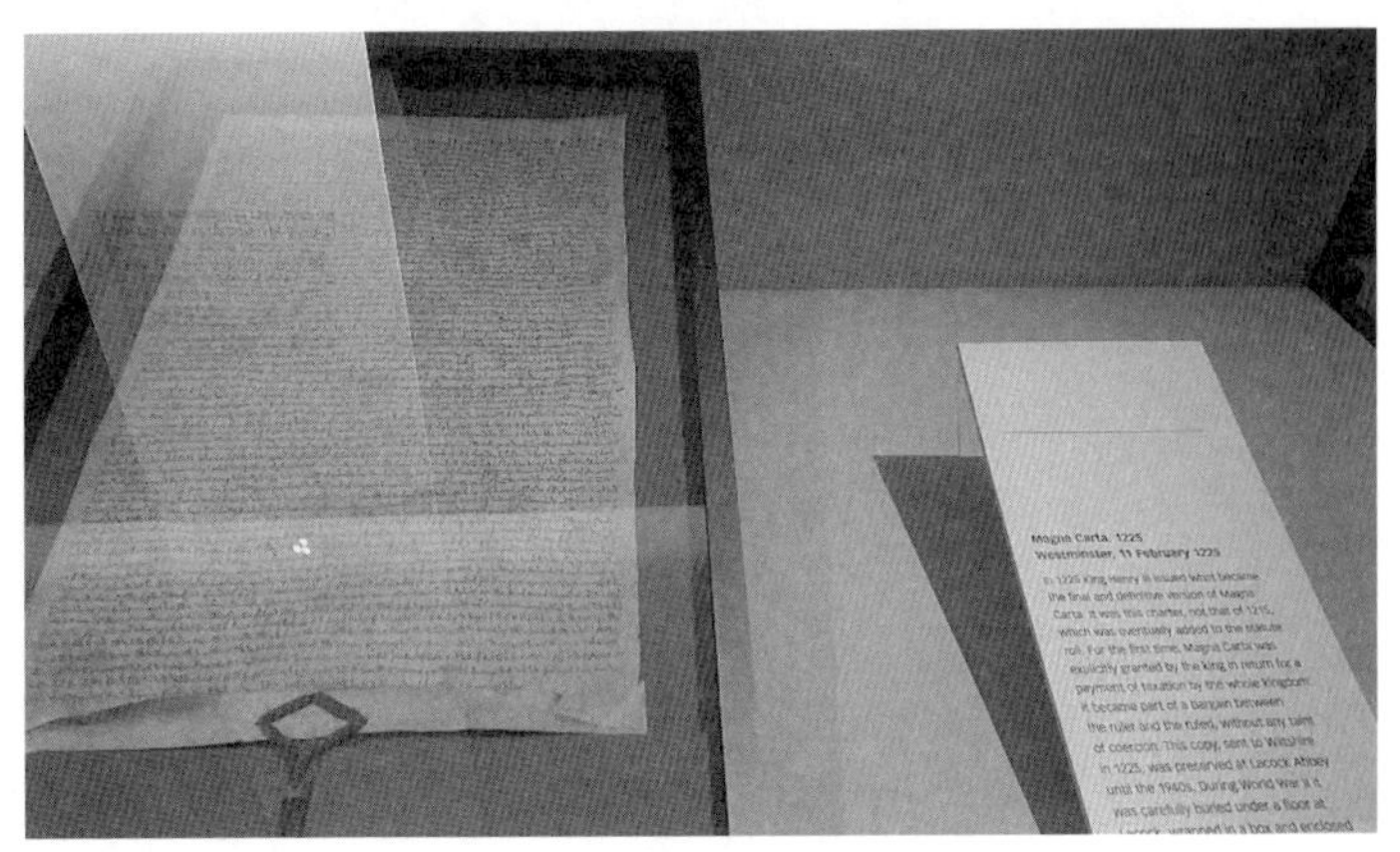

マグナ・カルタの原本。

め、日本は明治初期の1880年代にフランス法とドイツ法を参考とした。それから百数十年が経ち、国の「公式司法」は整った風に見えるものの、結局それほど西洋化しているわけではなく、「西洋風」と呼ばれる方式への距離の取り方はどことなく似ている。日本だって1960年代から長い時間をかけて、「日本人は訴訟嫌い、うそかまことか?」などというテーマで日本とアメリカの法社会学者の間で議論されたりしていた(川島・ヘイリー)。社会の構成員の関係性によってルールが決まるのはどこも同じだ。だけど同じ家父長制度もケニアでは婚姻費用の支払い(結婚する男性は女性のファミリーに対価として家畜を提供して妻との婚姻関係に投資する)にあらわれているかと思えば、夫婦別姓が禁止されている日本では法律上改姓するのは「妻又は夫」と形式的に平等に規定されているものの、慣習上改姓するのは95パーセントが女性側だ、という事実にあらわれていたりして、その表出のしかたはけっこう違う。

私が今ロンドンで法人類学の研究をしているのは、悲しいかな植民地化時代の名残で文献が多く残るイギリスで、「西洋」の「個人の人権」をテコに慣習という青リンゴと社会通念という赤リンゴを食べ比べたいからで、旅をしたアフリカ30カ国の中でケニアを選んで日本と比較しているのは、最初にかじったマサイのリンゴの酸っぱさが忘れられないからだ。

旅は続く。

謝辞

登場していただいた永井康之さん、趙誠峰さん、宮村啓太さん、髙野傑さん、江口大和さん、法律面のアドバイスをいただいた中川隆太郎さん、中島悠助さん、Shawn Novel, H. Vilakati, Svetla Konstantinova, Dipankar Kamble, Kitty Veikune, Maryanne Kimani, Jackson Warioba, Joelle/Deborah, John/Jean, Antonio, Rodrigo/Gabriel/Anna の各弁護士・法律関係者に感謝します。

現地で多くのサポートをいただいた中埜静香さん、徳末明子さん、田中希美絵さん、汪汪さん、その他もろもろのアドバイスをいただいたOne Asia 法律事務所／弁護士法人One Asia、宮村・井桁法律事務所、野中・瓦林法律事務所、司法アクセスチームの皆さま、認定ＮＰＯ法人ＣＡＬＬ４の皆さま、長久允さん、竹内勇人さん、そして私のパートナーと家族に感謝します。現地で出会った名前も知らない皆さんにも感謝です。

最初に訪れたのが旅でよかった。いいところ楽しいところ美しいところがたくさん見えるから。

最後になりますが、編集を担当してくださった片野貴司さん、装丁を担当してくださったbookwallの五藤友紀さんに、感謝申し上げます。

なお、本文中の写真とイラストはすべて筆者によります。

2024年6月　訴訟中の裁判官が狙撃されて死亡し全国の裁判所が喪に服しているケニアにて

原口侑子

参考文献

阿部博友・小林成光・高田寛・高橋均・平野温郎（編著）『世界の法律情報―グローバル・リーガル・リサーチ』文眞堂、２０１６年

五十嵐清『比較法ハンドブック［第3版］』鈴木賢・曽野裕夫（補訂）、勁草書房、２０１９年

P・G・ヴィノグラドフ『法における常識』末延三次・伊藤正己（訳）、岩波書店、１９７２年

荻野太司「ニュージーランドの司法制度改革に関する序論的考察（一）」『広島法学』30巻4号、２００７年

E・H・カー『歴史とは何か』清水幾太郎（訳）、岩波書店、１９６２年

貝瀬幸雄『比較法学入門』日本評論社、２０１９年

『季刊　刑事弁護１００号』現代人文社、２０１９年

フィリップ・ゴーレイヴィッチ『ジェノサイドの丘―ルワンダ虐殺の隠された真実』柳下毅一郎（訳）、ＷＡＶＥ出版、２０１１年

高野隆・河津博史（編著）『刑事法廷弁護技術』日本評論社、２０１８年

田中英夫（編集代表）『英米法辞典』東京大学出版会、１９９１年

イサク・ディネセン『アフリカの日々』横山貞子（訳）、河出書房新社、２０１８年

吉岡政德・石森大知（編著）『南太平洋を知るための58章―メラネシア　ポリネシア』明石書店、２０１０年

ハワード・S・ベッカー『完訳 アウトサイダーズ ラベリング理論再考』村上直之（訳）、現代人文社、２０１１年

ANTHONY H. ANGELO. Constitutional Law in New Zealand, Kluwer Law International, 2011

Md. Abdul Halim. “The Legal System of Bangladesh”, CCB Foundation, 2004

Law Faculty ECSC. “Ethiopian Law Review Volume1, Number1, August 2002”, 2002

NELSON MANDELA. Long Walk to Freedom: The Autobiography of Nelson Mandela, Back Bay Books, 1995

Neil Vidmar(ed.). World Jury Systems, Oxford University Press, 2000

汪汪『你可會夢想環游世界』中國地圖出版社、２０１５年

Dipankar Kamble. “Dewaji: Making of an Ambedkarite Family”, Panther’s Paw, 2021

John Owen Haley. The Myth of the Reluctant Litigant, Law and Society in East Asia, Routledge, 2013

川島武宜『日本人の法意識』岩波書店、１９６７年

【ウェブサイト】

Duff, Peter. “The evolution of trial by judge and assessors in Fiji”　https://repository.usp.ac.fj/8466/1/Duff.PDF

Fiji Primary Materials　https://www.paclii.org/countries/fj.html

FIJI Sun “Lawyers Debate On Use Of Assessor System In Court”　https://fijisun.com.fj/2017/12/09/lawyers-debate-on-use-of-assessor-system-in-court/

Rádio e TV Justiça　https://radioetvjustica.jus.br/

著者プロフィール

原口侑子

Yuko Haraguchi

東京都生まれ。弁護士。東京大学法学部卒業。早稲田大学大学院法務研究科修了。大手渉外法律事務所を経て、バングラデシュ人民共和国でNGO業務に携わる。その後、法務案件のほか、新興国での社会起業支援、開発調査業務、法務調査等に従事。現在はイギリスで法人類学的見地からアフリカと日本の比較研究をしている。これまでに世界131カ国を訪問。

※本書は、2022年3月刊行の『世界裁判放浪記』(コトニ社)を大幅に加筆・修正し、改題したものです。

ぶらり世界裁判放浪記

2024年7月5日　第1刷発行

著　者　原口侑子
発行人　見城 徹
編集人　福島広司
編集者　片野貴司

発行所　株式会社 幻冬舎
〒151-0051　東京都渋谷区千駄ヶ谷4-9-7

電話　03(5411)6211(編集)
03(5411)6222(営業)
公式HP:https://www.gentosha.co.jp/
印刷・製本所　錦明印刷株式会社

検印廃止

ISBN978-4-344-04235-3　C0095

この本に関するご意見・ご感想は、
下記アンケートフォームからお寄せください。
https://www.gentosha.co.jp/e/